AF369285

Antología poética de Gabriela Mistral

EDITORIAL UNIVERSITARIA

EL MUNDO DE LAS LETRAS

Ch861
M678a Mistral, Gabriela, 1889-1957.
        Antología poética de Gabriela Mistral/
        Selección de Alfonso Calderón.
        –2ª reimp. de la 16ª ed.– Santiago de Chile: Universitaria, 2017.
        208 p.; 13 x 18,5 cm (El mundo de las letras)

        ISBN Impreso: 978-956-11-2102-7
        ISBN Digital: 978-956-11-2731-9

1. Poesías chilenas   I. t.   II. Calderón, Alfonso, 1930-2009, comp.

Texto compuesto en tipografía Goudy 10/12

Se terminó de imprimir esta 2ª reimpresión de la
DÉCIMOSEXTA EDICIÓN
en los talleres de Salesianos Impresores S.A.,
General Gana 1486, Santiago de Chile,
en diciembre de 2017.

DIAGRAMACIÓN
Yenny Isla Rodríguez

www.universitaria.cl

SELECCIÓN DE
Alfonso Calderón

Antología poética de Gabriela Mistral

EDITORIAL UNIVERSITARIA

ÍNDICE

De
TALA

De
LAGAR

ENTREVISTA PÓSTUMA
A GABRIELA MISTRAL

Esta entrevista ha tenido como propósito el presentar, en forma relativamente vasta, el pensamiento y los recuerdos de Gabriela Mistral. Para ello hemos revisado algunas correspondencias particulares, el notable archivo mistraliano del padre Alfonso Escudero y lo que resta del archivo del Instituto de Literatura Chilena de la Universidad de Chile.

Nos será perdonado el haber entresacado de aquí y de allá, refundido preguntas y respuestas, pero era la única manera de conservar un texto unitario y coherente. Aseguramos no haber agregado una sola palabra a los textos y todo lo que va en las respuestas es de Gabriela Mistral.

Los textos consultados corresponden aproximadamente a los años que van desde 1920 a 1956.

Agradezco también a don Francisco Rojas Encina por haberme permitido el acceso a su archivo particular de periódicos.

A. C.

¿Cómo era usted de niña?
—Yo era una niña triste... una niña huraña como son los grillos oscuros cuando es de día, como es el lagarto verde, bebedor de sol.

¿Dónde, verdaderamente, nació usted?
—Yo nací en Vicuña, por accidente. Mi madre tuvo miedo de dar a luz en el pueblecito de La Unión, donde mi padre era profesor de la escuela, y donde había solo una "meica". A caballo fue trasladada a Vicuña, y allí nací, el 7 de abril de 1889.

A los diez días mis padres me llevaron al pueblo de La Unión. Mi infancia la pasé casi toda en la aldea llamada Monte Grande. Me conozco sus cerros uno por uno. Fui di-

chosa hasta que salí de Monte Grande; y ya no lo fui nunca
más.

¿Cuáles fueron las razones de esa infelicidad?
—Quedé en Vicuña por mis estudios. Fui matriculada en una
escuela pequeñísima. La Directora de la Escuela, que había
sido maestra de mi hermana Emelina, era mi madrina y tenía
una reputación de santa. Estaba casi ciega y por ello me hacía
que yo la acompañara al colegio, para no tropezar en la calle.
Yo tenía ocho años. Mi hermana me había encargado también
al visitador de la escuela, don Bernardo Araya, a quien le gus-
taba conversar con los niños y me hacía ir todos los domingos
a su casa. Cada vez me regalaba papel, pluma y lápices. Estos
detalles parecen tontos, pero no lo son en relación con lo que
voy a contarle. Mi madrina me había puesto para que yo re-
partiera el papel a las demás alumnas. Yo era tímida y las otras
muchachas audaces y con un manotón me quitaban siempre
más cuadernillos. Resultado, el papel se acabó antes de la mitad
del año. Cuando esto ocurrió, me acusaron a mí de habérmelo
robado. La Directora sabía que mi hermana era profesora y me
daba todo el papel que yo quería, y otro tanto hacía con Ber-
nardo Araya. ¿Para qué iba yo, entonces, a robarme el papel?
Sin embargo, fui acusada de ladrona, y la Directora, aquella
mujer considerada como una santa, dio una lección contra el
robo mirándome a mí. Yo, que era una niña puro oídos y sin
conversación, no dije nada. A este propósito, sus amigas le de-
cían siempre a mi madre: 'Vos tan conversadora, y a esta niña
no se le oye nunca la voz'; pues bien, aquel día cuando oí a la
Directora, yo me quedé trabada, sin poder enunciar palabra.
Después, afuera, me esperaban las otras muchachas con los de-
lantales llenos de piedras que lanzaron contra mí. Llegué a la
casa de mi tía, donde me alojaba, con la cabeza llena de sangre,

y mi hermana tuvo que venir a buscarme y llevarme con ella a Diaguita…

¿No viene lo de La Serena, enseguida?
—Después de aquello me quedé un tiempo de vaga en la casa. Me pasaba las horas en el huerto con los árboles que eran mis amigos, hasta que mi hermana decidió que yo no podía seguir así. Por aquel entonces ella se casó con un hombre con dinero. Pero a su marido no le gustaba tener a su suegra y a su cuñada en la casa. Inventaron entonces ponerme en la Normal de La Serena. Di los exámenes con nota buena. Yo no sé de dónde consiguió mi mamá, que era una viejecita con estatura de niño, los tres mil pesos de fianza que exigían, y que para aquel tiempo eran una suma enorme. Es el hecho que llegó el día de mi ingreso a la Normal. La directora era una yanqui que apenas hablaba español, de modo que salió a recibirnos la subdirectora, Teresa Figueroa de Guerra, para decirle a mi mamá que yo no estaba admitida. Mi mamá, que era porfiada, insistía en que yo había salido bien y tenía la fianza. Fue inútil. Entretanto, yo permanecía muda y sin comprender nada. Solo años más tarde supe por qué yo había sido recibida primero y luego echada de la Normal, por boca de la propia Teresa Figueroa. Resulta que por aquel tiempo yo leía libros que me prestaba un curioso hombre que yo conocía, don Bernardo Ossandón, un astrónomo que me había hecho leer a Flammarion, y yo había escrito un artículo en que decía que la "naturaleza era Dios". A causa de aquella frase, pagana, el capellán de la Normal dijo, en consejo de profesores: 'Esta niña es naturalista' y pidió que yo no fuera admitida. Yo ni siquiera conocía el significado de aquella palabra.

El secreto de la felicidad está en la oportunidad con que nos llegan las cosas. Y la infancia la marca a una para siempre.

La mía fue desdichada y nadie podrá devolverme jamás la alegría que me robaron…

¿Había comenzado usted a escribir, por esos años?
—No lo sé con precisión. Me veo escribiendo siempre; pero supongo que comencé a hacerlo alrededor de los diez años. Mi hermanastra recogía mis papeles y los rompía, argumentando que me distraían de los estudios; pero mi madre salía en mi defensa diciendo: "Déjala; si ella se entretiene así…".

¿Entiendo que, después de lo de la Normal usted comienza a hacer clases?
—Por aquel entonces mi cuñado se había arruinado y yo tuve que trabajar para sostener a mi madre. Conseguí la única vacante posible en el pueblecito de Compañía Baja. Así me inicié como maestra interina a los catorce años de edad y con alumnos que eran, a menudo, mayores que yo.

¿Aparece en ese momento Romelio Ureta?
—Yo conocí a Romelio siendo profesora en la Compañía, o sea cuando tenía poco más de catorce años. Él debe haber tenido veinte o veintiuno. Era un hombre vulgar. Una bella cabeza, un rostro casi feo.

Nos pusimos de novios; pero él no tenía dinero para tomar mujer. Un día me dijo que se iba al norte a buscar trabajo en las minas, para hacer dinero y regresar a buscarme para que nos casáramos. Aquella promesa constituye el recuerdo más dulce que tengo de él; pero volvió al poco tiempo sin nada. Luego se enredó con una muchacha que, perteneciente a una familia que tenía humos de grandeza, lo hizo llevar una vida cuyo tren él no podía seguir. Dejamos de vernos y escribirnos. Pasó el tiempo. Cinco años, en los que, cuando nos divisábamos, huíamos el uno del otro.

Yo era maestra en un lugar llamado Cerrillos, en el fundo de los Ripamonti. Como no había alumnos de día, hacía clases nocturnas. Tenía algunos alumnos de ochenta años y hasta uno que era sordo y al que enseñaba a leer gritándole al oído.

Una noche estaba sentada en un sofá y, de pronto, tuve la extraña sensación de un peso que caía a mi lado y de ese ronquido típico de la agonía. Pensé que algo le había ocurrido a mi madre. Al día siguiente me comuniqué por teléfono con mi hermana, pero ella me aseguró que todo estaba bien. Solo al otro día, cuando llegó el periódico, me enteré de la noticia de que Romelio se había suicidado. El periódico la daba muy escueta, porque su hermano Macario tenía un alto puesto en la compañía de ferrocarriles. Solo algunos días después, de paso por Coquimbo, supe lo ocurrido. Iba yo en compañía de Aurora Barraza, quien fue a una casa a saludar a unas amigas. Yo entré con ella, pero, como de costumbre, no dije mi nombre, de modo que ellas no sabían quién era yo, y se pusieron a comentar el suicidio, que seguía siendo la comidilla de todo Coquimbo. Así me enteré de la historia de Romelio con aquella muchacha con la que se decía que iba a casarse. Como no podía seguir el tren de lujo en que se hallaba metido, se había dedicado a jugar. Un día tomó dinero de la caja del ferrocarril donde era empleado. Parece que intentó comunicarse con su hermano para que lo ayudara. No sé qué pasó, si no consiguió hablar con él o qué. Después, en un momento de desesperación, decidió quitarse la vida. Lo preparó todo minuciosamente. Siempre había sido muy pije y le gustaba vestir bien. Para su muerte se vistió de frac. Y aquí viene otro detalle curioso, que nunca he comprendido. Antes de suicidarse rompió todas las cartas de su novia. Después se vistió para la muerte y se disparó un tiro; pero en un bolsillo se le encontró una postal mía… ¿Por qué estaba allí, cuando hacía más de cuatro años que no nos escribíamos? A causa de aquella tarjeta, sin embargo, se asoció su nombre conmigo.

No se suicidó por mí; se mató de vergüenza.

Dado ese conjunto de situaciones desdichadas, ¿dónde le hubiera gustado vivir para ser feliz?
—Hubiera querido vivir entre el pueblo hebreo y ser la Mujer Fuerte de la Biblia.

A propósito de la Biblia, ¿cuándo aparece en su vida para llegar a marcar tan notoriamente su poesía?
—La Biblia es para mí EL LIBRO. No comprendo cómo alguien pueda vivir sin ella, sin que se empobrezca, ni cómo uno pueda ser fuerte sin esa substancia, ni dulce sin esa miel.

Cuando yo era muy niña conservaba viva aún a mi abuela paterna. Era una mujer ancha, vigorosa, físicamente parecida a mí. Decía mi padre que su madre era capaz de leer el futuro en las estrellas. Yo solo sé que era una mujer enigmática, muy silenciosa. Se mantenía casi constantemente recluida en su dormitorio, y mi madre me ordenaba todos los crepúsculos que fuera a hacerle compañía.

Recuerdo aquellos atardeceres en mi pueblo de Monte Grande, con una nitidez muy tibia. Mi abuela estaba sentada en un sillón rígido, y yo me sentaba en una banqueta de mimbre. Ella me alargaba su Biblia, muy vieja y muy ajada, y me pedía que le leyera. Siempre me la entregaba abierta en el mismo sitio, en los *Salmos* de David.

Durante años leí y releí aquellos versos maravillosos, aquellos poemas de vigorosa sonoridad y honda profundidad poética. Al comienzo, sin entender lo que decían, repitiendo como un loro balbuceante; después sintiendo infiltrarse en mi espíritu la poderosa cadencia y fuerza de aquellos símbolos. Entonces, bebiendo la sabiduría milenaria del libro sagrado, hice de la Biblia mi libro predilecto. Y desde entonces, como no encuentro en las oraciones corrientes la belleza y armonía de aquellos salmos, rezo con los versos de "Nuestro Padre David", como decía mi abuela. Y también a esto se debe, quizás, que mis propios versos tengan cierto sabor bíblico.

¿Es usted cristiana?
—Si usted quiere, llámeme beata. Solo soy creyente. Lo que no quiere decir que sea derechista. Soy una especie de izquierdista tradicional. ¿Me entiende? Creo que la propiedad, por ejemplo, debe ser subdividida. Pero una revolución social debe inspirarse, entre nosotros, en ideales indoamericanistas. ¿Qué quiere usted? Tengo este misticismo pagano, mitad quechua y mitad maya, y no olvido mi sangre india…

¿Pero en qué cree?
—Creo en las catacumbas, creo en la rehúsa del alma delante del éxito físico, carnal y material. Creo en la santa testarudez de los primeros cristianos.

Me parece recordar que alguna vez usted indicó que se hallaba muy cerca del socialismo.
—Soy socialista, un socialismo particular, es cierto, que consiste exclusivamente en ganar lo que se come y en sentirse prójimo de los explotados.

¿Y los cristianos explotadores?
—El cristiano *presidente* puede mantener vistas muy claras sobre sí mismo. ¿Teme por sus bienes o teme realmente por la civilización cristiana?

Usted es cristiana. ¿No se dio el baño orientalista, en cierta época?

—Yo fui budista durante más de veinte años; creía en el Karma de los orientales, como otros creen en las Moiras de la mitología. Fui una buena budista, pero evolucioné, así lo creo.

En una de sus respuestas usted mencionó el éxito. ¿O exitismo? ¿Cómo enjuicia este fenómeno sudamericano y yanqui?

—El exitismo sudamericano es algo descomunal. Me conozco muy bien su cara vulgar; la he visto en la condescendencia ante el dinero, ante el poder estatal, ante la mediocridad personal afortunada. De golpe y porrazo, caímos en el *bric a-brac* de las democracias fabricadas como los carros Ford o el jabón Palmolive.

¿Cómo ve a la clase media chilena, a la que casi todo el mundo pertenece?

—Tenemos que decir muy claro y preciso que la clase media tiene en Chile un aprovisionamiento tan caro de sus necesidades que en cada trance revolucionario nuestra magra hacienda de país pobre se queda en poder de ella y que a nuestra fabulosa miseria popular solo se aplican las raspas de la marmita estatal… Toda mi vida vi claro en esto y supe que cuanto tenemos en recursos fiscales debe ser aplicado con una prisa quemante a la clase que en Chile no tiene suelo, muro, mesa ni lecho, que no posee sino luz y aire, al pueblo rural.

Si usted quiere, vamos un momento a su zona de preferencias. ¿Música?

—*La Canción de Solveig*, el *Largo*, de Haendel; los *lieds*, de Schumann, y la *Patética*, de Tchaikovski.

¿Literatura?
—La Biblia y el Dante. Más la Biblia que el Dante. También las leyendas populares, el simple relato, la sencilla poesía del pueblo. Amo mucho toda la literatura popular. Han ejercido asimismo influencia sobre mí Poe y Guerra Junqueiro. Como todos los poetas modernos, he sentido el influjo de Rubén, pero poco en realidad. Rubén me dio la libertad de lengua rítmica. Otro maestro que ha ejercido sobre mí una influencia más sensible ha sido Tagore.

Entre mis influencias españolas he de mencionar a Eduardo Marquina. Una obra que ha ejercido sobre mí gran influencia es *El Candelabro de los Siete Brazos*, de Cansino Assens. También me he sentido muy removida dentro de mi pesimismo por Valle-Inclán, en lo que tiene de recio, es decir, en sus *Comedias Bárbaras*. Mis grandes devociones antiguas son los místicos del Siglo de Oro: Santa Teresa de Jesús, Fray Luis de Granada y, por encima de estos, San Juan de la Cruz.

El *Dedalus*, de James Joyce, es el más extraordinario relato de adolescencia que yo conozca.

¿De dónde surgió su seudónimo? Hay varias historias circulantes.
—Tomé este nombre, Gabriela Mistral, por tres causas. La primera, por devoción a Federico Mistral, al que me gustó sentir hombre de la tierra; la segunda, porque dicho nombre me agradaba eufónicamente, pero, además de eso y por sobre eso, hay otra razón principal que voy a decirle. Es la tercera causa a que me he referido. La creencia general es la de la primera razón apuntada, que he dejado se extienda porque no he hecho nunca rectificaciones y creo que siempre el que se rectifica se acusa un poco.

Siento un gran amor por el viento. Lo considero como uno de los elementos más espirituales —más espiritual que el agua. Deseaba, pues, tomar un nombre de viento que no fuese "huracán" ni "brisa", y un día, enseñando geografía en mi escuela, me impresionó la descripción que hace Reclus, del viento, en su célebre obra, y en ella encontré ese nombre: Mistral. Lo adopté enseguida como seudónimo, y esa es la verdadera explicación de por qué llevo el apellido del cantor de la Provenza.

¿Cuál es su virtud principal
—La energía para la formación solitaria del carácter y de la cultura. He vivido tremendamente sola, de infancia a madurez, en una soledad que ha solido darme vértigo. A eso se reduce mi caso: el de la energía, y esta virtud se la devuelvo gustosamente a mi raza: es pasta chilena lo de mi carácter: andan en mi sangre disueltos los metales de mis cerros de Coquimbo.

A propósito de Coquimbo, ¿qué parte del mundo elquino le toca violentamente?
—Cuando yo me acuerdo del valle, con ese recordar fuerte, en el cual se ve, se toca y se aspira, todo ello de un golpe, son dos cosas las que me dan en el pecho el mazazo de la emoción brusca: los cerros tutelares que se me vienen encima como un padre que me reencuentra y me abraza, y la bocanada de perfume de esas hierbas infinitas de los cerros.

He andado mucha tierra y estimado como pocos los pueblos extraños. Pero escribiendo, o viviendo, las imágenes nuevas me nacen siempre sobre el subsuelo de la infancia; la comparación, sin la cual no hay pensamiento, sigue usando sonidos, visiones y hasta olores de infancia, y soy rematadamente una criatura regional.

—Las mujeres no escribimos solemnemente como Buffon, que se ponía para el trance su chaqueta de mangas con encajes y se sentaba con toda solemnidad a su mesa de caoba.

Yo escribo sobre mis rodillas y la mesa escritorio nunca me sirvió de nada, ni en Chile, ni en París, ni en Lisboa.

Escribo de mañana o de noche, y la tarde no me ha dado nunca inspiración, sin que yo entienda la razón de su esterilidad o de su mala gana para mí…

Creo no haber hecho jamás un verso en cuarto cerrado ni en cuarto cuya ventana diese a un horrible muro de casa, siempre me afirmo en un pedazo de cielo, que Chile me dio azul y Europa me da borroneado. Mejor se ponen mis humores si afirmo mis ojos viejos en una masa de árboles.

Mientras fui criatura estable de mi raza y mi país, escribí lo que veía o tenía muy inmediato, sobre la carne caliente del asunto. Desde que soy criatura vagabunda; desterrada voluntaria, parece que no escribo sino en medio de un vaho de fantasmas. La tierra de América y la gente mía, viva o muerta, se me han vuelto un cortejo melancólico, pero muy fiel, que más que envolverme me forra y me oprime y rara vez me deja ver el paisaje y la gente extranjeros. Escribo sin prisa, generalmente, y otras veces con una rapidez vertical de rodado de piedras en la cordillera. Me irrita, en todo caso, pararme, y tengo siempre al lado cuatro o seis lápices con punta porque soy bastante perezosa, y tengo el hábito regalón de que me den todo hecho, excepto los versos…

En el tiempo en que yo me peleaba con la lengua, exigiéndole intensidad, me solía oír, mientras escribía, un crujido de dientes bastante colérico, el rechinar de la lija sobre el filo romo del idioma.

Ahora ya no me peleo con las palabras sino con otra cosa… He cobrado el disgusto y el desapego de mis poesías cuyo tono no es el mío por ser demasiado enfático. No me excuso sino aquellos poemas donde reconozco mi lengua hablada, eso que llamaba Don Miguel el vasco, la "lengua conversacional".

Corrijo bastante más de lo que la gente puede creer, leyendo unos versos que aún así se me quedan bárbaros. Salí de un laberinto de cerros y algo de ese nudo sin desatadura posible queda en lo que hago, sea verso o sea prosa.

Escribir me suele alegrar; siempre me suaviza el ánimo y me regala un día ingenuo, tierno, infantil. Es la sensación de haber estado por unas horas en mi patria real, en mi costumbre, en mi suelto antojo, en mi libertad total.

Me gusta escribir en cuarto pulcro, aunque soy persona harto desordenada. El orden parece regalarme *espacio*, y este apetito de espacio lo tienen mi vista y mi alma.

En algunas ocasiones he escrito siguiendo un ritmo recogido en un caño que iba por la calle lado a lado conmigo, o siguiendo los ruidos de la naturaleza, que todos ellos se me funden en una especie de canción de cuna.

Por otra parte, tengo aún la poesía anecdótica que tanto desprecian los poetas mozos.

La poesía me conforta los sentidos y eso que llaman el alma; pero la ajena mucho más que la mía. Ambas me hacen correr mejor la sangre; me defienden la infantilidad del carácter, me aniñan y me dan una especie de asepsia respecto del mundo.

La poesía es en mí, sencillamente, un regazo, un sedimento de la infancia sumergida. Aunque resulte amarga y dura, la poesía que hago me lava de los polvos del mundo y hasta de no sé qué vileza esencial parecida a lo que llamamos el pecado original, que llevo conmigo y que llevo con aflicción. Tal vez el pecado original no sea sino nuestra caída en la expresión racional y antirrítmica a la cual bajó el género humano y que más nos duele a las mujeres por el gozo que perdimos en la gracia de una lengua de intuición y de música que iba a ser la lengua del género humano.

Es todo cuanto sé decir de mí y no me pongáis vosotros a averiguar más…

Usted ha ido sembrando bibliotecas por el mundo. ¿Cómo nació su amor por los libros?
—Las bibliotecas que yo más quiero son las provinciales, porque fui niña de aldeas y en ellas me viví juntas a la hambruna y a la avidez de libros. Por eso mismo, yo vine a tener de adulta las fábulas que se oyen a los siete años, y hasta la vejez dura y perdura en mí el gusto del cuento pueril y del pintarrajeado de imágenes y me los leo con la avidez de todos aquellos que llegaron tarde a sentarse a la mesa y por eso comen y beben desesperadamente. Aquellos eran otros tiempos y en las quijadas de la cordillera el único libro era el arrugado y vertical de trescientas y tantas montañas, abuelas ceñudas y que daban consejas trágicas.

Se dice que, en aquella velada en la cual fueron premiados los Sonetos de la muerte, *usted se ocultó en la galería del Teatro Santiago…*
—La verdad es que no lo recuerdo. Dicen que yo no fui a leer mis versos porque no tenía un traje apropiado. Esto último es muy probable y debe haber sido así. Pero no recuerdo los detalles de aquella noche. Tampoco están las gentes de acuerdo si fue Víctor Domingo Silva o Julio Munizaga quien leyó mis versos. Yo creo que fue Julio Munizaga. El hecho es que cada cual ha escrito mi biografía a su manera y casi todas están llenas de errores.

Otro asunto que ha dado origen a muchas mistificaciones es el caso de la muerte de su sobrino.

—Era el último ser de mi familia que me quedaba. Se llamaba Juan Miguel y le decía Yin-Yin. Él, a veces, me decía Buda, porque cuando regresaba a casa del colegio siempre me encontraba sentada en el mismo lugar en que me había dejado. "Como un Buda", agregaba. En Petrópolis fue a un colegio lleno de muchachos negros y mulatos, que hostilizaban a los pocos blancos que había. Los demás concluyeron marchándose, pero Yin-Yin quiso terminar allí su bachillerato de latín a pesar de mis ruegos de que cambiara de colegio, porque siempre regresaba lleno de moretones, a causa de los golpes de los demás. Y era porque vivía rodeado de comodidades que los demás no tenían. Esto despertó la envidia de sus compañeros y el deseo de venganza de lo que se llamaba "la banda". Una noche me lo trajeron muerto. Dijeron que era suicidio. Pero yo supe que lo mató la banda, porque no podían perdonarle que él poseyera lo que ellos no tenían. Fue así como me quitaron lo único que me quedaba en la vida[1].

---

[1] Sin que me sea posible indicar las fuentes –pues el monopolio Mistral provechosamente explorado por la señora Dana perjudicaría al tenedor de los originales– transcribo dos documentos para esclarecer el caso Yin-Yin. El primero es un fragmento de la carta dirigida por Palma Guillén a Gabriela Mistral (México, abril 29 de 1943):

"Juanito es un vago y un vanidoso simplemente. Su único remedio es que trabaje...

No, hijita, no es Francia sino el consentimiento, el colmarlo de cosas, el darle dinero a manos llenas y el no vigilarlo en cada momento para que no se saliera del buen camino, lo que, poco a poco, ha hecho de él lo que es hoy...

Ese muchacho vago y perdulario que gasta a manos llenas, que se cree un genio y que no estudia; que se cree un hombre y anda entre mujerzuelas, no es el muchacho francés sino el muchacho hispanoamericano: mexicano, chileno, argentino o de cualquiera otra de nuestras repúblicas...

A muchachos así, en México, los meten a la Marina para que se hagan hombres, para que se salven, hijita, porque por el camino que va, Juanito se perderá, se hará un vago y un vicioso. Por lo que más quieras, hijita, date cuenta de esto. Tú, con las ideas acerca de

Qué recuerdos tiene de su padre?
—Era un vagabundo que componía versos al pasar. De él heredé mi afán de viajes. Mi recuerdo de él pudiese ser amargo por la ausencia, pero está lleno de admiración de muchas cosas suyas.

Alguna vez, creo que a propósito de Martí, usted lanzó una suerte de teoría del hombre. ¿Cómo es?
—Tengo explicada por ahí una vaga teoría de los elementos de nuestros hombres; los que se quedan en el fuego absoluto se secan y se quebrajean; los que viven del fuego mixto con el agua, de calor más ternura, esos no se resecan ni se destruyen.

El hombre completo sería aquel que a los veinticinco años conserve lisaduras infantiles en la emotividad y por ella en la costumbre, y que no ha desprendido al niño que fue, porque sabe que hay alguna monstruosidad en ser redondamente adulto. Este mismo hombre se anticipa en él, ya sea por una atención humana muy intensa, ya sea por adivinación de lo que viene, las piedades, mejor dicho, del viejo que por haber probado en todos los platos de virtud y de culpa ha madurado su pulpa entera para el perdón, y no tiene en agraz ninguna lástima ni ninguna comprensión y de nada se asombra, aunque rechace muchas cosas. A mí me gusta la maravilla del joven, pero a mí me place profundamente la del viejo.

---

la educación que tienes –y que eran las mías antes– crees que debes hacerlo comprender, hijita, que no tiene corazón, que no tiene razón".

El segundo documento es un manuscrito que dice así : "Querida mamá:

Creo que mejor hago en abandonar las cosas como están: No he sabido vencer, espero que en otro mundo exista más felicidad.

Cariñosamente tu Yin-Yin. Un abrazo a Palma".

El texto sin fecha ahorra palabras y permite suspender el efecto del mito.

A.C.

Usted no muestra gran afecto por Desolación, *¿cuál es su obra preferida?*

—*Tala* es mi verdadera obra... Mucho más interesante que *Desolación*, aunque a usted le parezca extraño. Más tarde la leerá y se acordará de mí. Es la raíz de lo indoamericano...

¿Y el poema preferido?

—Entre todos mis trabajos, el que prefiero es una pequeña canción de cuna que escribí con el título de *La Pajita*. Debe ser porque yo siento un profundo afecto por esta clase de poesía.

Me parece que usted no es muy devota de La Araucana.

—Pesa unos quintales de octavas tan generosas como imposibles de leer en este tiempo... El bueno de Ercilla trabajó con sudores en esa loa nutrida de trescientas páginas, compuestas en las piedras de talla en las octavas reales. Cumplió con todos los requisitos aprendidos en su colegio para la manipulación de la epopeya; masticó Ilíadas y Odiseas para reforzarse el aliento.

En su momento, usted rompe con las convenciones del género poético, o mejor lírico.

—Yo no creo en los géneros según la retórica, divididos por paredes de cemento. Hay fugas de un género a otro.

Esto me hace recordar la teoría de las fronteras, que usted esbozó una vez.

—Alguna vez, en Chile, andando la cordillera, llegué al famoso lugar de la *división de las aguas* argentino-chilenas tocando aquel punto mágico que llaman *una frontera*. No había tal espinazo andino, no existía tal divorcio de cumbres. Aquello era un hermoso caos antojadizo de alturas y descensos en la ceguera de las nubes inmediatas lo que aparecía era un inmenso difumino. Muchas veces he vivido la misma experiencia con las fronteras ideológicas. Y sobre todo con las religiosas. Pero me he rehusado a quedarme allí por una terca voluntad que me hace antipático lo vago y me hace aborrecer lo que hay de ladino en la niebla y en las doctrinas sin contorno.

¿Cómo ve la crítica literaria actual?
—La crítica literaria moderna está empeñada en deslindar la obra del individuo y en reducirse al estudio de su escritura. Yo no soy de esas dualistas y el dualismo en muchos casos me parece herejía pura…

Eso nos lleva al asunto de la cultura.
—La cultura que fluye en cada momento vulgar o extraordinario y que parece una respiración del ser en vez de parecer un préstamo o una explotación más o menos penosa de la biblioteca personal y de las otras.

Usted tiene una preocupación, en varios poemas, por los antepasados. ¿Cree en una suerte de relevo ritual o en una cultura de los viejos?
—Los abuelos que enterramos (dizque los enterramos) van y vienen interviniendo, insultándose en el aliento y las potencias nuestras, hasta el punto en que no vivimos una sola hora sin ellos. Los nietos eufóricos hacen nada más que un relevo parcial de los viejos; andan en las tertulias literarias y en los cafés disfrazados de locos, pero son los cuerdos de mañana y los doctores de la ley de pasado mañana.

¿Qué piensa de la muerte?
—Tal vez moriré haciéndome dormir, vuelta madre de mí misma. Bendije siempre el sueño y lo doy por la más ancha gracia

divina —tal vez a causa de que mi vida fue dura. En el sueño he tenido mi casa más holgada, ligera, mi patria verdadera, mi planeta dulcísimo. No hay praderas tan espaciosas, tan deslizables y tan delicadas para mí como las suyas.

DATOS BIOGRÁFICOS
DE GABRIELA MISTRAL

Gabriela Mistral (Lucila Godoy Alcayaga) nació en Monte Grande, según ella, el 6 de abril de 1889. Hija de Jerónimo Godoy y de Petronila Alcayaga, vivió en el valle de Elqui hasta 1901. Cuando cumplió quince años, en 1904, fue designada como ayudante de la escuela rural de La Compañía, cerca de La Serena. En esos años comienza a publicar sus primeros poemas en un diario regional llamado *La voz de Elqui*.

En el año 1907 trabajaba como profesora en la escuela de La Cantera (Coquimbo). Por ese tiempo conoce a un empleado de los ferrocarriles, llamado Romelio Ureta, de cuyo amor y trágico suicidio el 25 de noviembre de 1909 deja testimonio en los poemas de su libro *Desolación* (1922).

En 1910 trabaja como profesora en la escuela de Barrancas, pasando a desempeñarse, al año siguiente, como profesora de los liceos de Traiguén y Antofagasta, para trasladarse, en 1912, al de Los Andes. El 22 de diciembre de 1914, con motivo de los Juegos Florales, obtiene con sus célebres *Sonetos de la Muerte* una Flor Natural y una medalla de oro, obsequiada por la Municipalidad de Santiago.

Desde aquí comienza su firme carrera literaria y su renombre. Entre 1918 y 1920 es Directora del Liceo de Niñas de Temuco, pasando a Santiago como Directora del Liceo N° 6 de Niñas, en 1921.

En junio de 1922 viaja a México, invitada por José Vasconcelos y ese mismo año el Instituto de las Españas, de Nueva York, publica *Desolación*. Al año siguiente aparece *Lectura para Mujeres* y en 1924, *Ternura*. En 1926 el Gobierno de Chile la designa como miembro del Instituto de Cooperación Intelectual de la Liga de las Naciones.

Entre 1930 y 1931 Gabriela Mistral viaja por Estados Unidos, las Antillas y Centroamérica. En 1933 es nombrada Cónsul en Madrid, desde donde debe salir a Lisboa (1936) por las presiones diplomáticas españolas motivadas por la publicidad de una carta de la escritora al crítico Armando Donoso, donde se formulan juicios muy duros sobre la mujer española y el apego al tradicionalismo en los hábitos del país.

Viene a Chile, en 1938, por breve tiempo, y aparece en Buenos Aires su libro *Tala*, el más importante de su producción intelectual, cuyos derechos de autor entrega a los niños víctimas de la Guerra Civil de España. El mismo año viaja a Niza, como Cónsul. Debido a la Guerra Mundial se traslada a Brasil y, en 1941, está ya en Petrópolis, donde la sorprenderá la noticia del Premio Nobel de Literatura (1945).

Al año siguiente pasa a Estados Unidos, cumpliendo su cargo diplomático, primero en California y luego en Santa Bárbara. En 1948 es Cónsul en Veracruz, y en 1950 en Nápoles. Mientras residía en Rapallo recibió la noticia del tardío Premio Nacional de Literatura de Chile. En 1953 es Cónsul de Chile en Nueva York y, al año siguiente, 1954, viene a su patria donde es acogida por el gobierno del presidente Ibáñez y por el fervor popular. En ese mismo año se publica su libro *Lagar*.

El 10 de enero de 1957 Gabriela Mistral fallece en el Hospital General de Hempstead, Nueva York, de cáncer al páncreas. Sus restos fúnebres fueron trasladados a Santiago, velándose en la Casa Central de la Universidad de Chile y depositándose transitoriamente en el Cementerio General, para llevarlos, luego, a Monte Grande, en donde, desde una de sus colinas, mira el paisaje de Elqui.

Póstumamente fueron publicados sus libros *Recados: contando a Chile,* ordenado por el padre Alfonso Escudero, y *Poema de Chile,* dispuesto por Doris Dana. En 1978 aparecieron *Cartas de amor de Gabriela Mistral* (ordenadas por Sergio Fernández Larraín); *Materias,* antología de prosa poética (selección de Alfonso Calderón); *Gabriela anda por el mundo, Gabriela piensa en…,* prosas seleccionadas por Roque Esteban Scarpa, y *Gabriela Mistral en el Repertorio Americano* (Costa Rica), preparado por Mario Céspedes, y *Prosa religiosa de Gabriela Mistral,* recogida por Luis Vargas Saavedra. En 1979 dos nuevos libros: *Grandeza de los oficios* (selección de Roque Esteban Scarpa) y *Croquis Mexicanos* (selección de Alfonso Calderón) aumentaron el notable caudal de la obra inédita o dispersa de la insigne escritora. Siguiendo las recopilaciones, es preciso tener en cuenta la obra ordenada por R.E. Scarpa *Magisterio y niño* (1979) y por Luis Vargas Saavedra *Reino* (1983) y *El otro suicida de Gabriela Mistral* (1985), importantes por contener ambos libros textos de muy difícil consulta, hallados en documentos originales y en manuscritos tentativos.

De
DESOLACIÓN

EL NIÑO SOLO

A Sara Hübner

Como escuchase un llanto, me paré en el repecho
y me acerqué a la puerta del rancho del camino.
Un niño de ojos dulces me miró desde el lecho
¡y una ternura inmensa me embriagó como un vino!

La madre se tardó, curvada en el barbecho;
el niño, al despertar, buscó el pezón de la rosa
y rompió en llanto... Yo lo estreché contra el pecho,
y una canción de cuna me subió, temblorosa...

Por la ventana abierta la luna nos miraba.
El niño ya dormía, y la canción bañaba,
como otro resplandor, mi pecho enriquecido...

Y cuando la mujer, trémula, abrió la puerta,
me vería en el rostro tanta ventura cierta
¡que me dejó el infante en los brazos dormido!

CREDO

Creo en mi corazón, ramo de aromas
que mi Señor como una fronda agita,
perfumando de amor toda la vida
y haciéndola bendita.

Creo en mi corazón, el que no pide
nada porque es capaz del sumo ensueño
y abraza en el ensueño lo creado
¡inmenso dueño!

Creo en mi corazón, que cuando canta
hunde en el Dios profundo el flanco herido,
para subir de la piscina viva
como recién nacido.

Creo en mi corazón, el que tremola
porque lo hizo el que turbó los mares,
y en el que da la Vida orquestaciones
como de pleamares.

Creo en mi corazón, el que yo exprimo
para teñir el lienzo de la vida
de rojez o palor, y que le ha hecho
veste encendida.

Creo en mi corazón, el que en la siembra
por el surco sin fin fue acrecentado.
Creo en mi corazón siempre vertido
pero nunca vaciado.

Creo en mi corazón en que el gusano
no ha de morder, pues mellará a la muerte;
creo en mi corazón, el reclinado
en el pecho de Dios terrible y fuerte.

EL ENCUENTRO

a su sombra

Le he encontrado en el sendero.
No turbó su sueño el agua
ni se abrieron más las rosas;
pero abrió el asombro mi alma.
¡Y una pobre mujer tiene
su cara llena de lágrimas!

Llevaba un canto ligero
en la boca descuidada,
y al mirarme se le ha vuelto
hondo el canto que entonaba.
Miré la senda, la hallé
extraña y como soñada.
¡Y en el alba de diamante
tuve mi cara con lágrimas!

Siguió su marcha cantando
y se llevó mis miradas…
Detrás de él no fueron más
azules y altas las salvias.
¡No importa! Quedó en el aire
estremecida mi alma.
¡Y aunque ninguno me ha herido
tengo la cara con lágrimas!

Esta noche no ha velado
como yo junto a la lámpara;
como él ignora, no punza

su pecho de nardo mi ansia;
pero tal vez por su sueño
pase un dolor de retamas.
¡Porque una pobre mujer
tiene su cara con lágrimas!

Iba sola y no temía;
con hambre y sed no lloraba;
desde que lo vi cruzar,
mi Dios me vistió de llagas.
Mi madre en su lecho reza
por mí su oración confiada.
¡Pero yo tal vez por siempre
tendré mi cara con lágrimas!

AMO AMOR

Anda libre en el surco, bate el ala en el viento,
late vivo en el sol y se prende al pinar.
No te vale olvidarlo como el mal pensamiento:
¡le tendrás que escuchar!

Habla lengua de bronce y habla lengua de ave,
ruegos tímidos, imperativos de mar.
No te vale ponerle gesto audaz, ceño grave:
¡lo tendrás que hospedar!

Gasta trazas de dueño; no le ablandan excusas.
Rasga vasos de flor, hiende el hondo glaciar.

No te vale el decirle que albergarlo rehúsas:
¡lo tendrás que hospedar!

Tiene argucias sutiles en la réplica fina,
argumentos de sabios, pero en voz de mujer.
Ciencia humana te salva, menos ciencia divina:
¡le tendrás que creer!

Te echa venda de lino; tú la venda toleras.
Te ofrece el brazo cálido, no le sabes huir.
Echa a andar, tú le sigues hechizada aunque vieras
¡que eso para en morir!

EL AMOR QUE CALLA

Si yo te odiara, mi odio te daría
en las palabras, rotundo y seguro;
pero te amo y mi amor no se confía
a este hablar de los hombres, tan oscuro!

Tú lo quisieras vuelto un alarido,
y viene de tan hondo que ha deshecho
su quemante raudal, desfallecido,
antes de la garganta, antes del pecho.

Estoy lo mismo que estanque colmado
y te parezco un surtidor inerte.
¡Todo por mi callar atribulado
que es más atroz que el entrar en la muerte!

ÉXTASIS

Ahora, Cristo, bájame los párpados,
pon en la boca escarcha,
que están de sobra ya todas las horas
y fueron dichas todas las palabras.

Me miró, nos miramos en silencio
mucho tiempo, clavadas,
como en la muerte, las pupilas. Todo
el estupor que blanquea las caras
en la agonía, albeaba nuestros rostros.
¡Tras de ese instante, ya no resta nada!

Me habló convulsamente;
le hablé, rotas, cortadas
de plenitud, tribulación y angustia,
las confusas palabras.
le hablé de su destino y mi destino,
amasijo fatal de sangre y lágrimas.

Después de esto ¡lo sé! ¡no queda nada!
¡Nada! Ningún perfume que no sea
diluido al rodar sobre mi cara.
Mi oído está cerrado,
mi boca está sellada.
¡Qué va a tener razón de ser ahora
para mis ojos en la tierra pálida!,
¡ni las rosas sangrientas,
ni las nieves calladas!

Por eso es que te pido,
Cristo, al que no clamé de hambre angustiada:
¡ahora, para mis pulsos
y mis párpados baja!

Defiéndeme del viento
la carne en que rodaron sus palabras;
líbrame de la luz brutal del día
que ya tiene, esta imagen.
Recíbeme, voy plena,
¡tan plena voy como tierra inundada!

ÍNTIMA

Tú no oprimas mis manos.
Llegará el duradero
tiempo de reposar con mucho polvo
y sombra en los entretejidos dedos.

Y dirías: —"No puedo
amarla, porque ya se desgranaron
como mieses sus dedos".

Tú no beses mi boca.
Vendrá el instante lleno
de luz menguada, en que estaré sin labios
sobre un mojado suelo.

Y dirías: —"La amé, pero no puedo
amarla más, ahora que no aspira
el olor de retamas de mi beso".

Y me angustiara oyéndote,
y hablaras loco y ciego,
que mi mano será sobre tu frente
cuando rompan mis dedos,
y bajará sobre tu cara llena
de ansia mi aliento.

No me toques, por tanto. Mentiría
al decir que te entrego
mi amor en esos brazos extendidos,
en mi boca, en mi cuello,
y tú, al creer que lo bebiste todo,
te engañarías como un niño ciego.

Porque mi amor no es solo esta gavilla
reacia y fatigada de mi cuerpo,
que tiembla entera al roce del cilicio
y que se me rezaga en todo vuelo.

Es lo que está en el beso, y no es el labio;
lo que rompe la voz, y no es el pecho:
¡es un viento de Dios, que pasa hendiéndome
el gajo de las carnes, volandero!

DESVELADA

Como soy reina y fui mendiga, ahora
vivo en puro temblor de que me dejes,
y te pregunto, pálida, a cada hora:
"¿Estás conmigo aún? ¡Ay! ¡no te alejes!".

Quisiera hacer las marchas sonriendo
y confiando ahora que has venido;
pero hasta en el dormir estoy temiendo
y pregunto entre sueños: —"¿No te has ido?".

VERGÜENZA

Si tú me miras yo me vuelvo hermosa
como la hierba a que bajó el rocío,
y desconocerán mi faz gloriosa
las altas cañas cuando baje al río.

Tengo vergüenza de mi boca triste,
de mi voz rota y mis rodillas rudas;
ahora que me miraste y que viniste,
me encontré pobre y me palpé desnuda.

Ninguna piedra en el camino hallaste
más desnuda de luz en la alborada
que esta mujer a la que levantaste,
porque oíste su canto, la mirada.

Yo callaré para que no conozcan
mi dicha los que pasan por el llano,

en el fulgor que da a mi frente tosca
en la tremolación que hay en mi mano…

Es noche y baja a la hierba el rocío;
mírame largo y habla con ternura,
¡que ya mañana al descender al río
la que besaste llevará hermosura!

BALADA

Él pasó con otra;
yo le vi pasar.
Siempre dulce el viento
y el camino en paz.
¡Y estos ojos míseros
le vieron pasar!

Él va amando a otra
por la tierra en flor.
Ha abierto el espino;
pasa una canción.
¡Y él va amando a otra
por la tierra en flor!

Él besó a la otra
a orillas del mar;
resbaló en las olas
la luna de azahar.
¡Y no untó mi sangre
la extensión del mar!

Él irá con otra
por la eternidad.
Habrá cielos dulces.
(Dios quiere callar).
¡Y él irá con otra
por la eternidad!

LOS SONETOS DE LA MUERTE

I

Del nicho helado en que los hombres te pusieron,
te bajaré a la tierra humilde y soleada.
Que he de dormirme en ella los hombres no supieron,
y que hemos de soñar sobre la misma almohada.

Te acostaré en la tierra soleada con una
dulcedumbre de madre para el hijo dormido,
y la tierra ha de hacerse suavidad de cuna
al recibir tu cuerpo de niño dolorido.

Luego iré espolvoreando tierra y polvo de rosas,
y en la azulada y leve polvareda de luna,
los despojos livianos irán quedando presos.

Me alejaré cantando mis venganzas hermosas,
¡porque a ese hondor recóndito la mano de ninguna
bajará a disputarme tu puñado de huesos!

II

Este largo cansancio se hará mayor un día,
y el alma dirá al cuerpo que no quiere seguir
arrastrando su masa por la rosada vía,
por donde van los hombres, contentos de vivir...

Sentirás que a tu lado cavan briosamente,
que otra dormida llega a la quieta ciudad.
Esperaré que me hayan cubierto totalmente...
¡y después hablaremos por una eternidad!

Solo entonces sabrás el por qué no madura
para las hondas huesas tu carne todavía,
tuviste que bajar, sin fatiga, a dormir.

Se hará luz en la zona de los sinos, oscura;
sabrás que en nuestra alianza signo de astros había
y, roto el pacto enorme, tenías que morir...

III

Malas manos tomaron tu vida desde el día
en que, a una señal de astros, dejara su plantel
nevado de azucenas. En gozo florecía.
Malas manos entraron trágicamente en él...

Y yo dije al Señor: —"Por las sendas mortales
Le llevan. ¡Sombra amada que no saben guiar!
¡Arráncalo, Señor, a esas manos fatales
o le hundes en el largo sueño que sabes dar!

¡No le puedo gritar, no le puedo seguir!
Su barca empuja un negro viento de tempestad.
Retórnalo a mis brazos o le siegas en flor".

Se detuvo la barca rosa de su vivir...
¿Que no sé del amor, que no tuve piedad?
¡Tú, que vas a juzgarme, lo comprendes, Señor!

INTERROGACIONES

¿Cómo quedan, Señor, durmiendo los suicidas?
¿Un cuajo entre la boca, las dos sienes vaciadas,
las lunas de los ojos albas y engrandecidas,
hacia un ancla invisible las manos orientadas?

¿O Tú llegas después que los hombres se han ido,
y les bajas el párpado sobre el ojo cegado,
acomodas las vísceras sin dolor y sin ruido
y entrecruzas las manos sobre el pecho callado?

El rosal que los vivos riegan sobre su huesa
¿no le pinta a sus rosas unas formas de heridas?
¿no tiene acre el olor, siniestra la belleza
y las frondas menguadas de serpientes tejidas?

Y responde, Señor: cuando se fuga el alma,
por la mojada puerta de las hondas heridas,
¿entra en la zona tuya hendiendo el aire en calma
o se oye un crepitar de alas enloquecidas?

¿Angosto cerco lívido se aprieta en torno suyo?
¿El éter es un campo de monstruos florecidos?
¿En el pavor no aciertan ni con el nombre tuyo?
¿O lo gritan, y sigue tu corazón dormido?

¿No hay un rayo de sol que los alcance un día?
¿No hay agua que los lave de sus estigmas rojos?
¿Para ellos solamente queda tu entraña fría,
sordo tu oído fino y apretados tus ojos?

Tal el hombre asegura, por error o malicia;
más yo, que he gustado, como un vino, Señor,
mientras los otros siguen llamándote Justicia,
¡no te llamaré nunca otra cosa que Amor!

Yo sé que como el hombre fue siempre zarpa dura;
la catarata, vértigo; aspereza, la sierra,
¡Tú eres el vaso donde se esponjan de dulzura
los nectarios de todos los huertos de la Tierra!

EL VASO

Yo sueño con un vaso de humilde y simple arcilla,
que guarde tus cenizas cerca de mis miradas;
y la pared del vaso te será mi mejilla,
y quedarán mi alma y tu alma apaciguadas.

No quiero espolvorearlas en vaso de oro ardiente,
ni en la ánfora pagana que carnal línea ensaya:

solo un vaso de arcilla te ciña simplemente,
humildemente, como un pliegue de mi saya.

En una tarde de estas recogeré la arcilla
por el río, y lo haré con pulso tembloroso.
Pasarán las mujeres cargadas de gavillas,
y no sabrán que amaso el lecho de un esposo.

El puñado de polvo, que cabe entre mis manos,
se verterá sin ruido, como una hebra de llanto.
Yo sellaré este vaso con beso sobrehumano,
y mi mirada inmensa será tu único manto!

EL RUEGO

Señor, tú sabes cómo, con encendido brío,
por los seres extraños mi palabra te invoca.
Vengo ahora a pedirte por uno que era mío,
mi vaso de frescura, el panal de mi boca.

Cal de mis huesos, dulce razón de la jornada,
gorjeo de mi oído, ceñidor de mi veste.
Me cuido hasta de aquellos en que no puse nada;
¡no tengas ojo torvo si te pido por este!

Te digo que era bueno, te digo que tenía
el corazón entero a flor de pecho, que era
suave de índole, franco como la luz del día,
henchido de milagro como la primavera.

Me replicas, severo, que es de plegaria indigno
el que no untó de preces sus dos labios febriles,
y se fue aquella tarde sin esperar tu signo,
trizándose las sienes como vasos sutiles.

Pero yo, Señor, te arguyo que he tocado,
de la misma manera que el nardo de su frente,
todo su corazón dulce y atormentado
¡y tenía la seda del capullo naciente!

¿Que fue cruel? Olvidas, Señor, que le quería,
y que él sabía suya la entraña que llagaba.
¿Que enturbió para siempre mis linfas de alegrías?
¡No importa! Tú comprende: ¡Yo le amaba, le amaba!

Y amar (bien sabes de eso) es amargo ejercicio;
un mantener los párpados de lágrimas mojados,
un refrescar de besos las trenzas del cilicio
conservando, bajo ella, los ojos extasiados.

El hierro que taladra tiene un gustoso frío,
cuando abre, cual gavillas, las carnes amorosas.
Y la cruz (Tú te acuerdas ¡oh Rey de los judíos!)
se lleva con blandura, como un gajo de rosas.

Aquí me estoy, Señor, con la cara caída
sobre el polvo, parlándote un crepúsculo entero
o todos los crepúsculos a que alcance la vida,
si tardas en decirme la palabra que espero.

Fatigaré tu oído de preces y sollozos,
lamiendo, lebrel tímido, los bordes de tu manto,

y ni pueden huirme tus ojos amorosos
ni esquivar tu piel el riego caliente de mi llanto.

¡Di el perdón, dilo al fin! Va a esparcir en el viento
la palabra, el perfume de cien pomos de olores
al vaciarse; toda agua será deslumbramiento;
el yermo echará flor y el quijarro esplendores.

Se mojarán los ojos oscuros de las fieras,
y, comprendiendo, el monte que de piedra forjaste
llorará por los párpados blancos de sus neveras:
¡toda la tierra tuya sabrá que perdonaste!

POEMA DEL HIJO

a Alfonsina Storni

I

¡Un hijo, un hijo, un hijo! Yo quise un hijo tuyo
y mío, allá en los días del éxtasis ardiente,
en los que hasta mis huesos temblaron de tu arrullo
y un ancho resplandor creció sobre mi frente.

Decía: ¡un hijo!, como el árbol conmovido
de primavera alarga sus yemas hacia el cielo.
¡Un hijo con los ojos de Cristo engrandecidos,
la frente de estupor y los labios de anhelo!

Sus brazos en guirnalda a mi cuello trenzados;
en río de mi vida bajando hacia él, fecundo,
y mis entrañas como perfume derramado
ungiendo con su marcha las colinas del mundo.

Al cruzar una madre grávida, la miramos
con los labios convulsos y los ojos de ruego,
cuando en las multitudes con nuestro amor pasamos.
¡Y un niño de ojos dulces nos dejó como ciegos!

En las noches, insomne de dicha y de visiones,
la lujuria de fuego no descendió a mi lecho.
Para el que nacería vestido de canciones
yo extendía mi brazo, yo ahuecaba mi pecho...

El sol no parecíame, para bañarlo, intenso;
mirándome, yo odié, por toscas, mis rodillas;
mi corazón confuso, temblaba al don inmenso;
¡y un llanto de humildad regaba mis mejillas!

Y no temí a la muerte, disgregadora impura;
los ojos de él libraran los tuyos de la nada,
y a la mañana espléndida o a la luz insegura
yo hubiera caminado bajo de esa mirada...

II

Ahora tengo treinta años, y mis sienes jaspea
la ceniza precoz de la muerte. En mis días,
como la lluvia eterna de los polos, gotea
la amargura con lágrima lenta, salobre y fría.

Mientras arde la llama del pino, sosegada,
mirando a mis entrañas pienso qué hubiera sido
un hijo mío, infante con mi boca cansada,
mi amargo corazón y mi voz de vencido.

Y con tu corazón, el fruto de veneno,
y tus labios que hubieran otra vez renegado.
Cuarenta lunas él no durmiera en mi seno,
que solo por ser tuyo me hubiese abandonado.

Y en qué huertas en flor, junto a qué aguas corrientes
lavara, en primavera, su sangre de mi pena,
si fui triste en las landas y en las tierras clementes,
y en toda tarde mística hablaría en sus venas.

Y el horror de que un día con la boca quemante
de rencor, me dijera lo que dije a mi padre:
"¿Por qué ha sido fecunda tu carne sollozante
y se henchieron de néctar los pechos de mi madre?".

Siento el amargo goce de que duermas abajo
en tu lecho de tierra, y un hijo no meciera
mi mano, por dormir yo también sin trabajos
y sin remordimientos, bajo una zarza fiera.

Porque yo no cerrara los párpados, y loca
escuchase a través de la muerte, y me hincara,
deshechas las rodillas, retorcida la boca,
si lo viera pasar con mi fiebre en su cara.

Y la tregua de Dios a mí no descendiera:
en la carne inocente mi hirieron los malvados,

y por eternidad mis venas exprimieran
sobre mis hijos de ojos y de frente extasiados.

¡Bendito pecho mío en que a mis gentes hundo
y bendito mi vientre en que mi raza muere!
La cara de mi madre ya no irá por el mundo
ni su voz sobre el viento, trocada en *miserere*.

La selva hecha cenizas retoñará cien veces
y caerá cien veces, bajo el hacha, madura.
Caeré para no alzarme en el mes de las mieses;
conmigo entran los míos *a la noche que dura*.

Y como si pagara la deuda de una raza,
taladran los dolores mi pecho cual colmena.
Vivo una vida entera en cada hora que pasa;
como el río hacia el mar, van amargas mis venas.

Mis pobres muertos miran el sol y los ponientes
con un ansia tremenda, porque ya en mí se ciegan.
Se me cansan los labios de las preces fervientes
que antes que yo enmudezca por mi canción entregan.

No sembré por mi troje, no enseñé para hacerme
un brazo con amor para la hora postrera,
cuando mi cuello roto no pueda sostenerme
y mi mano tantee la sábana ligera.

Apacenté los hijos ajenos, colmé el troje
con los trigos divinos, y solo de Ti espero,
¡Padre nuestro que estás en los cielos! Recoge
mi cabeza mendiga, si en esta noche muero!

PAISAJES DE LA PATAGONIA

I. DESOLACIÓN

La bruma espesa, eterna, para que olvide dónde
me ha arrojado la mar en su ola de salmuera.
La tierra a la que vine no tiene primavera:
tiene su noche larga que cual madre me esconde.

El viento hace a mi casa su ronda de sollozos
y de alarido, y quiebra, como un cristal, mi grito.
Y en la llanura blanca, de horizonte infinito,
miro morir inmensos ocasos dolorosos.

¿A quién podrá llamar la que hasta aquí ha venido
si más lejos que ella solo fueron los muertos?
¡Tan solo ellos contemplan un mar callado y yerto
crecer entre sus brazos y los brazos queridos!

Los barcos cuyas velas blanquean en el puerto
vienen de tierras donde no están los que son míos;
sus hombres de ojos claros no conocen mis ríos
y traen frutos pálidos, sin la luz de mis huertos.

Y la interrogación que sube a mi garganta
al mirarlos pasar, me desciende, vencida:
hablan extrañas lenguas y no la conmovida
lengua que en tierras de oro mi pobre madre canta.

Miro bajar la nieve como el polvo en la huesa;
miro crecer la niebla como el agonizante,
y por no enloquecer no cuento los instantes,
porque la *noche larga* ahora tan solo empieza.

Miro el llano extasiado y recojo su duelo,
que viene para ver los paisajes mortales.
La nieve es el semblante que asoma a mis cristales:
¡siempre será su albura bajando de los cielos!

Siempre ella, silenciosa, como la gran mirada
de Dios sobre mí; siempre su azahar sobre mi casa;
siempre, como el destino que ni mengua ni pasa,
descenderá a cubrirme, terrible y extasiada.

II. ÁRBOL MUERTO

En el medio del llano,
un árbol seco su blasfemia alarga;
un árbol blanco, roto
y mordido de llagas,
en el que el viento, vuelto
mi desesperación, aúlla y pasa.

De su bosque, el que ardió, solo dejaron
de escarnio, su fantasma.
Una llama alcanzó hasta su costado
y la lamió, como el amor mi alma.
¡Y sube de la herida un purpurino
musgo, como una estrofa ensangrentada!

Los que amó, y que ceñían
a su torno en septiembre una guirnalda,

cayeron. Sus raíces
los buscan, torturadas,
tanteando por el césped
con una angustia humana…

Le dan los plenilunios en el llano
sus más mortales platas,
y alargan, por que mida su amargura,
hasta lejos su sombra desolada.
¡Y él le da al pasajero
su atroz blasfemia y su visión amarga!

III. TRES ÁRBOLES

Tres árboles caídos
quedaron a la orilla del sendero.
El leñador los olvidó, y conversan
apretados de amor, como tres ciegos.

El sol de ocaso pone
su sangre viva en los hendidos leños
¡y se llevan los vientos la fragancia
de su costado abierto!

Uno, torcido, tiende
su brazo inmenso y de follaje trémulo
hacia otro, y sus heridas
como dos ojos son, llenos de ruego.

El leñador los olvidó. La noche
vendrá. Estaré con ellos.

Recibiré en mi corazón sus mansas
resinas. Me serán como de fuego.
¡Y mudos y ceñidos,
nos halle el día en un montón de duelo!

EL ESPINO

El espino prende a una roca
su enloquecida contorsión,
y es el espíritu del yermo,
retorcido de angustia y sol.

La encina es bella como Júpiter,
y es un Narciso de mirto en flor.
A él lo hicieron como a Vulcano,
el horrible dios forjador

A él lo hicieron sin el encaje
del claro álamo temblador,
porque el alma del caminante
ni le conozca la aflicción.

De las greñas le nacen flores.
(Así el verso le nació a Job).
Y como el salmo del leproso,
es de agudo su intenso olor.

Pero aunque llene el aire ardiente
de las siestas su exhalación,

no ha sentido en su greña oscura
temblarse un nido turbador…

Me ha contado que me conoce,
que en una noche de dolor
en su espeso millón de espinas
magullaron mi corazón.

Le he abrazado como una hermana,
cual si Agar abrazara a Job,
en un nudo que no es ternura,
porque es más desesperación!

A LAS NUBES

Nubes vaporosas,
nubes como tul,
llevad l'alma mía
por el cielo azul.

¡Lejos de la casa
que me ve sufrir,
lejos de estos muros
que me ven morir!

Nubes pasajeras,
llevadme hacia el mar,
a escuchar el canto
de la pleamar

y entre la guirnalda
de olas a cantar.

Nubes, flores, rostros,
dibujadme a aquel
que ya va borrándose
por el tiempo infiel.
Mi alma se pudre
sin el rostro de él.

Nubes que pasáis,
nubes, detened
sobre el pecho mío
la fresca merced.
¡Abiertos están
mis labios de sed!

De
TALA

LÁPIDA FILIAL

Apegada a la seca fisura
del nicho, déjame que te diga:
—Amados pechos que me nutrieron
con una leche más que otra viva;
parados ojos que me miraron
con tal mirada que me ceñía;
regazo ancho que calentó
con una hornaza que no se enfría;
mano pequeña que me tocaba
con un contacto que me fundía:
¡resucitad, resucitad,
si existe la hora, si es cierto el día,
para que Cristo os reconozca
y a otro país deis alegría,
para que pague ya mi Arcángel
formas y sangre y leche mía,
y que por fin os recupere
la vasta y santa sinfonía
de viejas madres: la Macabea,
Ana, Isabel, Lía y Raquel!

NOCTURNO DE LA CONSUMACIÓN

a Waldo Frank

Te olvidaste del rostro que hiciste
en un valle a una oscura mujer;

olvidaste entre todas tus formas
mi alzadura de lento ciprés;
cabras vivas, vicuñas doradas
te cubrieron la triste y la fiel.

Te han tapado mi cara rendida
las criaturas que te hacen tropel;
te han borrado mis hombros las dunas
y mi frente algarrobo y maitén.
Cuantas cosas gloriosas hiciste
te han cubierto a la pobre mujer.

Como Tú me pusiste en la boca
la canción por la sola merced;
como Tú me enseñaste este modo
de estirarte mi esponja con hiel,
yo me pongo a cantar tus olvidos,
por hincarte mi grito otra vez.

Yo te digo que me has olvidado
—pan de tierra de la insipidez—,
leño triste que sobra en tus haces,
pez sombrío que afrenta la red.
Yo te digo con otro[1] que "hay tiempo
de sembrar como de recoger".

No te cobro la inmensa promesa
de tu cielo en niveles de mies;
no te digo apetito de Arcángeles
ni Potencias que me hagan arder;

[1] Salomón

no te busco los prados de música
donde a tristes llevaste a pacer

Hace tanto que masco tinieblas,
que la dicha no sé reaprender,
tanto tiempo que piso las lavas
que olvidaron vellones los pies;
tantos años que muerdo el desierto
que mi patria se llama la Sed.

La oración de paloma zurita
ya no baja en mi pecho a beber;
la oración de colinas divinas
se ha raído en la gran aridez,
y ahora tengo en la mano una nueva,
la más seca, ofrecida a mi Rey.

Dame Tú el acabar de la encina
en fogón que no deje la hez;
dame Tú el acabar del celaje
que su sol hizo y quiso perder;
dame el fin de la pobre medusa
que en la arena consuma su bien.

He aprendido un amor que es terrible
y que corta mi gozo a cercén:
he ganado el amor de la nada,
apetito del nunca volver,
voluntad de quedar con la tierra
mano a mano y mudez con mudez,
despojada de mi propio Padre,
rebanada de Jerusalem!

NOCTURNO DE LA DERROTA

Yo no he sido tu Pablo absoluto
que creyó para nunca descreer,
una brasa violenta tendida
de la frente con rayo a los pies.
Bien le quise el tremendo destino,
pero no merecí su rojez.

Brasa breve he llevado en la mano,
llama corta ha lamido mi piel.
Yo no supe, abatida del rayo,
como el pino de gomas arder.
Viento tuyo no vino a ayudarme
y blanqueo antes de perecer.

Caridad no más ancha que rosa
me ha costado jadeo que ves.
Mi perdón es sombría jornada
en que miro diez soles caer;
mi esperanza es muñón de mí misma
que volteo y que ya es rigidez.

Yo no he sido tu Santo Francisco
con su cuerpo en un arco de "amén",
sostenido entre el cielo y la tierra
cual la cresta del amanecer,
escalera de limo por donde
ciervo y tórtola oíste otra vez.

Esta tierra de muchas criaturas
me ha llamado y me quiso tener;

me tomó cual la madre a su entraña;
me le di, por mujer y por fiel.
¡Me meció sobre el pecho de fuego,
me aventó como cobra su piel!

Yo no he sido tu fuerte Vicente,
confesor de galera soez,
besador de la carne perdida,
con sus llantos siguiéndole en grey,
aunque le amo más fuerte que mi alma
y en su pecho he tenido sostén.

Mis sentidos malvados no curan
una llaga sin se estremecer;
mi piedad ha volteado la cara
cuando Lázaro ya es fetidez,
y mis manos vendaron tanteando,
incapaces de amar cuando ven.

Y ni alcanzo al segundo Francisco[1]
con su rostro en el atardecer,
tan sereno de haber escuchado
todo mal con su oreja de Abel,
¡corazón desde aquí columpiado
en los coros de Melquisedec!

Yo nací de una carne tajada
en el seco riñón de Israel,
Macabea que da Macabeos,
miel de avispa que pasa a hidromiel,

[1] San Francisco de Sales.

y he cantado cosiendo mis cerros
por cogerte en el grito los pies[1].

Te levanto pregón de vencida,
con vergüenza de hacer descender
tu semblante a este campo de muerte
y tu mano a mi gran desnudez.

Tú, que losa de tumba rompiste
como el brote que rompe su nuez,
ten piedad del que no resucita
ya contigo y se va a deshacer,
con el liquen quemado en sus sales,
con genciana quemada en su hiel,
con las cosas que a Cristo no tienen
y de Cristo no baña la ley.

¡Cielos morados, avergonzados
de mi derrota.
Capitán vivo y envilecido,
nuca pisada, ceño pisado
de mi derrota.
Cuerno cascado de ciervo noble
de mi derrota!

[1] La chilenidad en su aspecto fuerte y terco.

GESTOS

LA COPA

Yo he llevado una copa
de una isla a otra isla sin despertar el agua.
Si la vertía, una sed traicionaba;
por una gota, el don era caduco;
perdida toda, el dueño lloraría.

No saludé las ciudades;
no dije elogio a su vuelo de torres,
no abrí los brazos en la gran Pirámide
ni fundé casa con corro de hijos.

Pero entregando la copa, yo dije
con el sol nuevo sobre mi garganta:
—"Mis brazos ya son libres como nubes sin dueño
y mi cuello se mece en la colina,
de la invitación de los valles".

Mentira fue mi aleluya: miradme.
Yo tengo la vista caída a mis palmas;
camino lenta, sin diamante de agua;
callada voy, y no llevo tesoro,
y me tumba en el pecho y los pulsos
la sangre batida de angustia y de miedo!

LA MEDIANOCHE

Fina, la medianoche.
Oigo los nudos del rosal:
la savia empuja subiendo a la rosa.

Oigo
las rayas quemadas del tigre
real: no le dejan dormir.

Oigo
la estrofa de uno,
y le crece en la noche
como la duna.

Oigo
a mi madre dormida
con dos alientos.
(Duermo yo en ella,
de cinco años.)

Oigo el Ródano
que baja y que me lleva como un padre
ciego de espuma ciega.

Y después nada oigo
sino que voy cayendo
en los muros de Arlés
llenos de sol...

DOS ÁNGELES

No tengo solo un Ángel
con ala estremecida:
me mecen como al mar
mecen las dos orillas
el Ángel que da el gozo
y el que da la agonía,
el de alas tremolantes
y el de las alas fijas.

Yo sé, cuando amanece,
cuál va a regirme el día,
si el de color de llama
o el color de ceniza,
y me les doy como alga
a la ola, contrita.

Solo una vez volaron
con las alas unidas:
el día del amor,
el de la Epifanía.

¡Se juntaron en una
sus alas enemigas
y anudaron el nudo
de la muerte y la vida!

HISTORIAS DE LOCA

I. LA MUERTE-NIÑA

a Gonzalo Zaldumbide

—"En esa cueva nos nació,
y como nadie pensaría,
nació desnuda y pequeñita
como el pobre pichón de cría.

¡Tan entero que estaba el mundo!
¡tan fuerte que era al mediodía!
¡tan armado como la piña,
cierto del Dios que sostenía!

Alguno nuestro la pensó
como se piensa villanía;
la Tierra se lo consintió
y aquella cueva se le abría.

De aquel hoyo salió de pronto,
con esa carne de elegía;
salió tanteando y gateando
y apenas se la distinguía.

Con una piedra se aplastaba,
con el puño se la exprimía.
Se balanceaba como un junco
y con el viento se caía…

74

Me puse yo sobre el camino
para gritar a quien me oía:
—"¡Es una muerte de dos años
que bien se muere todavía!".

Recios rapaces la encontraron,
a hembras fuertes cruzó la vía;
la miraron Nemrod y Ulises,
pero ninguno comprendía…

Se envilecieron las mañanas,
torpe se hizo el mediodía;
cada sol aprendió su ocaso
y cada fuente su sequía.

La pradera aprendió el otoño
y la nieve su hipocresía,
la bestezuela su cansancio,
la carne de hombre su agonía.

Yo me entraba por casa y casa
y a todo hombre se lo decía:
—"¡Es una muerte de siete años
que bien se muere todavía!".

Y dejé de gritar mi grito
cuando vi que se adormecían.
Ya tenían no sé qué dejo
y no sé qué melancolía…

Comenzamos a ser los reyes
que conocen postrimería

y la bestia o la criatura
que era la sierva nos hería.

Ahora el aliento se apartaba
y ahora la sangre se perdía,
y la canción de las mañanas
como cuerno se enronquecía.

La Muerte tenía treinta años;
ya nunca más se moriría,
y la segunda Tierra nuestra
iba abriendo su Epifanía.

Se lo cuento a los que han venido,
y se ríen con insanía:
—"Yo soy de aquellas que bailaban
cuando la Muerte no nacía…".

II. LA FLOR DEL AIRE[1]

a Consuelo Saleva

Yo la encontré por mi destino,
de pie a mitad de la pradera,
gobernadora del que pase
del que le hable y que la vea.

Y ella me dijo: —"Sube al monte.
Yo nunca dejo la pradera,

[1] "La Aventura"' quise llamarla, mi aventura con la Poesía.

y me cortas las flores blancas
como nieves, duras y tiernas".

Me subí a la ácida montaña,
busqué las flores donde albean,
entre las rocas existiendo
medio dormidas y despiertas.

Cuando bajé, con carga mía,
la hallé a mitad de la pradera,
y fui cubriéndola frenética,
con un torrente de azucenas.

Y sin mirarse la blancura,
ella me dijo: —"Tú acarrea
ahora solo flores rojas.
Yo no puedo pasar la pradera".

Trepé las peñas con el venado,
y busqué flores de demencia,
las que rojean y parecen
que de rojez vivan y mueran.

Cuando bajé se las fui dando
con un temblor feliz de ofrenda,
y ella se puso como el agua
que en ciervo herido se ensangrienta.

Pero mirándome, sonámbula,
me dijo: —"Sube y acarrea
las amarillas, las amarillas.
Yo nunca dejo la pradera".

Subí derecho a la montaña
y me busqué las flores densas,
color de sol y de azafranes,
recién nacidas y ya eternas.

Al encontrarla, como siempre,
a la mitad de la pradera,
segunda vez yo fui cubriéndola,
y la dejé como las eras.

Y todavía, loca de oro,
me dijo: —"Súbete, mi sierva,
y cortarás las sin color,
ni azafranadas ni bermejas".

"Las que yo amo por recuerdo
de la Leonora y la Ligeia,
color del Sueño y de los sueños.
Yo soy Mujer de la pradera".

Me fui ganando la montaña,
ahora negra como Medea,
sin tajada de resplandores,
como una gruta vaga y cierta.

Ellas no estaban en las ramas,
ellas no abrían en las piedras
y las corté del aire dulce,
tijereteándolo ligera.

Me las corté como si fuese
la cortadora que está ciega.

Corté de un aire y de otro aire,
tomando el aire por mi selva.

Cuando bajé de la montaña
y fui buscándome a la reina,
ahora ella caminaba,
ya no era blanca ni violenta;

Ella se iba, la sonámbula,
abandonando la pradera,
y yo siguiéndola y siguiéndola
por el pastal y la alameda.

Cargada así de tantas flores,
con espaldas y mano aéreas,
siempre cortándolas del aire
y con los aires como siega…

Ella delante va sin cara;
ella delante va sin huella,
y yo la sigo todavía
entre los gajos de la niebla.

Con estas flores sin color,
ni blanquecinas ni bermejas,
hasta mi entrega sobre el límite,
cuando mi Tiempo se disuelva…

III. LA SOMBRA

En un metal de cipreses
y de cal espejeadora,

sobre mi sombra caída
bailo una danza de mofa.

Como plumón rebanado
o naranja que se monda,
he aventado y no recojo
el racimo de mi sombra.

La cobra negra seguíame,
incansable, por las lomas,
o en el patio, sin balido,
en oveja querenciosa.

Cuando mi néctar bebía,
me arrebataba la copa;
y sobre el telar soltaba
su greña gitana o mora.

Cuando en el cerro yo hacía
fogata y cena dichosa,
a comer se me sentaba
en niña de manos rotas…

Besó a Jacob hecha Lía,
y él le creyó a la impostora,
y pensó que me abrazaba
en antojo de mi sombra.

Está muerta y todavía
juega, mañosa a mi copia,
y la gritan con mi nombre
los que la giran en ronda…

Veo de arriba su red
y el cardumen que desfonda;
y yo río, liberada
perdiendo al corro que llora.

Siento un oreo divino
de espaldas que el aire toma
y de más en más me sube
una brazada briosa.

Llego por un mar trocado
en un despeño de sonda,
y arribo a mi derrotero
de las Divinas Personas.

En tres cuajos de cristales
o tres grandes velas solas,
me encontré y revoloteo,
en torno de las Gloriosas.

Cubren sin sombra los cielos,
como la piedra preciosa,
y yo sin mi sombra bailo
los cielos como mis bodas…

IV. EL FANTASMA

En la dura noche cerrada
o en la húmeda mañana tierna,
sea invierno, sea verano,
esté dormida, esté despierta.

Aquí estoy si acaso me ven,
y lo mismo si no me vieran,
queriendo que abra aquel umbral
y me conozca aquella puerta.

En un turno de mando y ruego,
y sin irme, porque volviera,
con mis sentidos que tantean
solo este leño de una puerta.

Aquí me ven si es que ellos ven,
y aquí estoy aunque no supieran,
queriendo haber lo que yo había,
que como sangre me sustenta.

En país que no es mi país,
en ciudad que ninguno mienta,
junto a casa que no es mi casa,
pero siendo mía una puerta.

Detrás la cual yo puse todo,
yo dejé todo como ciega,
sin traer llave que me conozca
y candado que me obedezca.

Aquí me estoy, y yo no supe
que volvería a esta puerta
sin brazo válido, sin mano dura
y sin la voz que mi voz era.

Que guardianes no me verían
ni oiría su oreja sierva,

y sus ojos no entenderían
que soy íntegra y verdadera.

Que anduve lejos y que vuelvo
y que yo soy, si hallé la senda,
me sé sus nombres con mi nombre
y entre puertas hallé la puerta,

¡A buscar lo que les dejé,
que es mi ración sobre la tierra,
de mí respira y a mí salta,
como un regato, si me encuentra!

A menos que él también olvide
y que tampoco entienda y vea
mi marcha de alga lamentable
que se retuerce contra su puerta.

Si sus ojos también son esos
que ven solo las formas ciertas,
que ven vides y ven olivos
y criaturas verdaderas.

Y de verdad yo soy la Larva
desgajada de otra ribera,
que resbala país de hombres
con su hueso de sueño y niebla;

¡Que no raya su pobre llano,
y no lo arruga de su huella,
que no echa vaho de jadeo
contra la piedra de una puerta!

¡Que dormida dejó su carne,
como el árabe deja la tienda,
y por la noche, sin soslayo,
llegó a caer sobre su puerta!

MATERIAS

I. PAN

a Teresa y Enrique Díez-Canedo

Dejaron un pan en la mesa,
mitad quemado, mitad blanco,
pellizcado encima y abierto
en unos migajones de ampo.

Me parece nuevo o como no visto,
y otra cosa que él no me ha alimentado,
pero volteando su miga, sonámbula,
tacto y olor se me olvidaron.

Huele a mi madre cuando dio su leche,
huele a tres valles por donde he pasado:
a Aconcagua, a Pátzcuaro, a Elqui,
y a mis entrañas cuando yo canto.

Otros olores no hay en la estancia
y por eso él así me ha llamado;
y no hay nadie tampoco en la casa
sino este pan abierto en un plato,

que con su cuerpo me reconoce
y con el mío yo reconozco.

Se ha comido en todos los climas
el mismo pan en cien hermanos:
pan de Coquimbo, pan de Oaxaca,
pan de Santa Ana y de Santiago.

En mis infancias yo le sabía
forma de sol, de pez o de halo,
y sabía mi mano su miga
y el calor de pichón emplumado...

Después le olvidé, hasta este día
en que los dos nos encontramos,
yo con mi cuerpo de Sara vieja
y él con el suyo de cinco años.

Amigos muertos con que comíalo
en otros valles, sientan el vaho
de un pan en septiembre molido
y en agosto en Castilla segado.

Es otro y es el que comimos
en tierras donde se acostaron.
Abro la miga y les doy su calor;
lo volteo y les pongo su hálito.

La mano tengo de él rebosada
y la mirada puesta en mi mano;
entrego un llanto arrepentido
por el olvido de tantos años,

y la cara se me envejece
o me renace en este hallazgo.

Como se halla vacía la casa,
estemos juntos los reencontrados,
sobre esta mesa sin carne y fruta,
los dos en este silencio humano,
hasta que seamos otra vez uno
y nuestro día haya acabado...

II. SAL

La sal cogida de la duna,
gaviota viva de ala fresca,
desde su cuenco de blancura,
me busca y vuelve su cabeza.

Yo voy y vengo por la casa
y parece que no la viera
y que tampoco ella me viese,
Santa Lucía blanca y ciega.

Pero la Santa de la sal,
que nos conforta y nos penetra,
con la mirada enjuta y blanca,
alancea, mira y gobierna
a la mujer de la congoja
y a lo tendido de la cena.

De la mesa viene a mi pecho;
va de mi cuarto a la despensa,
con ligereza de villano
y brillos rotos de saeta.

La cojo como a criatura
y mis manos la espolvorean,
y resbalando con el gesto
de lo que cae y se sujeta,
halla la blanca y desolada
duna de sal de mi cabeza.

Me salaba los lagrimales
y los caminos de mis venas,
y de pronto me perdería
como en juego de compañera,
pero en mis palmas, al regreso,
con mi sangre se reencuentra...

Mano a la mano nos tenemos
como Raquel, como Rebeca.
Yo volteo su cuerpo roto
y ella voltea mi guedeja,
y nos contamos las Antillas
o desvariamos las Provenzas.

Ambas éramos de las olas
y sus espejos de salmuera,
y del mar libre, nos trajeron
a una casa profunda y quieta;
y el puñado de sal y yo,
en beguinas o en prisioneras,
las dos llorando, las dos cautivas,
atravesamos por la puerta...

III. AGUA

Hay países que yo recuerdo
como recuerdo mis infancias.
Son países de mar o río,
de pastales, de vegas y aguas.
Aldea mía sobre el Ródano,
rendida en río y en cigarras;
Antilla en palmas verdi-negras
que a medio mar está y me llama:
¡roca ligure de Portofino:
mar italiana, mar italiana!

Me han traído a país sin río,
tierras-Agar, tierras sin agua;
Saras blancas y Saras rojas,
donde pecaron otras razas,
de pecado rojo de atridas
que cuentan gredas tajeadas;
que no nacieron como un niño
con unas carnazones grasas,
cuando las oigo, sin un silbo,
cuando las cruzo, sin mirada.

Quiero volver a tierras niñas;
llévenme a un blando país de aguas.
En grandes pastos envejezca
y haga al río fábula y fábula.
Tenga una fuente por mi madre
y en la siesta salga a buscarla,
y en jarras salga a buscarla,
y en jarras baje de una peña
un agua dulce, aguda y áspera.

Me venza y pare los alientos
el agua acérrima y helada.
¡Rompa mi vaso y a beberla
me vuelva niña las entrañas!

DOS HIMNOS

a don Eduardo Santos

I. SOL DEL TRÓPICO

Sol de los incas, sol de los mayas
maduro sol americano,
sol en que mayas y quichés
reconocieron y adoraron,
y en el que viejos aimaraes
como el ámbar fueron quemados.
Faisán rojo cuando levantas
y cuando medias, faisán blanco,
sol pintador y tatuador
de casta de hombre y de leopardo.

Sol de montañas y de valles,
de los abismos y los llanos,
Rafael de las marchas nuestras,
lebrel de oro de nuestros pasos,
por toda tierra y todo mar
santo y seña de mis hermanos.
Si nos perdemos que nos busquen
en unos limos abrasados,

donde existe el árbol del pan
y padece el árbol del bálsamo[1].

Sol del Cuzco, blanco en la puna,
Sol de México, canto dorado,
canto rodado sobre el Mayab[2],
maíz de fuego no comulgado,
por el que gimen las gargantas
levantadas a tu viático;
corriendo vas por los azules
estrictos o jesucristianos,
ciervo blanco o enrojecido,
siempre herido, nunca cazado...

Sol de los Andes, cifra nuestra,
veedor de hombres americanos,
pastor ardiendo de grey ardiendo
y tierra ardiendo en su milagro,
que ni se funde ni nos funde,
que no devora ni es devorado;
quetzal de fuego emblanquecido
que cría y nutre pueblos mágicos;
llama pasmado en rutas blancas
guiando llamas alucinados...

Raíz del cielo, curador
de los indios alanceados;
brazo santo cuando los salvas,
cuando los matas, amor santo.
Quetzalcóatl, padre de oficios
de la casta de ojo almendrado,

[1] El llamado "bálsamo del Perú".
[2] Nombre indígena de Yucacán.

el moledor de los añiles
el tejedor de algodón cándido.
Los telares indios enhebras
con colibríes alocados
y das las grecas pintureadas
al mujerío de Tacámbaro.
¡Pájaro Roc[1], plumón que empolla
dos orientes desenfrenados!

Llegas piadoso y absoluto
según los dioses no llegaron,
tórtolas blancas en bandada,
maná que baja sin doblarnos.
No sabemos qué es lo que hicimos
para vivir transfigurados.
En especies solares nuestros
Viracochas se confesaron,
y sus cuerpos los recogimos
en sacramento calcinado.

A tu llama fié a los míos,
en parva de ascuas acostados.
Sobre tendal de salamandras
duermen y sueñan sus cuerpos santos.
O caminan contra el crepúsculo,
encendidos como retamos,
azafranes contra el poniente,
medio Adanes, medio topacios…

[1] Castellanizo la palabra ajena Rock.

Desnuda mírame y reconóceme,
si no me viste en cuarenta años,
con Pirámide de tu nombre[1],
con pitahayas y con mangos,
con los flamencos de la aurora
y los lagartos tornasolados.
¡Como el maguey, como la yuca,
como el cántaro del peruano,
como la jícara de Uruápan,
como la quena de mil años,
a ti me vuelvo, a ti me entrego,
en ti me abro, en ti me baño!
Tómame como los tomaste,
el poro al poro, el gajo al gajo,
y ponme entre ellos a vivir,
pasmada dentro de tu pasmo.

Pisé los cuarzos extranjeros,
comí sus frutos mercenarios;
en mesa dura y vaso sordo
bebí hidromieles que eran lánguidos;
recé oraciones mortecinas
y me canté los himnos bárbaros[2],
y dormí donde son dragones
rotos y muertos los Zodíacos.

Te devuelvo por mis mayores
formas y bulto en que me alzaron.
Riégame así con rojo riego;

---

[1] La Pirámide del Sol en México.
[2] Bárbaros, en su recto sentido de ajenos, de extraños.

dame el hervir vuelta tu caldo.
Emblanquéceme u oscuréceme
en tus lejías y tus cáusticos.

¡Quémame tú los torpes miedos,
sécame lodos, avienta engaños;
tuéstame habla, árdeme ojos,
sollama boca, resuello y canto,
límpiame oídos, lávame vistas,
purifica manos y tactos!

Hazme las sangres, y las leches,
y los tuétanos, y los llantos.
Mis sudores y mis heridas
sécame en lomos y en costados.
Y otra vez íntegra incorpórame
a los coros que te danzaron,
los coros mágicos, mecidos
sobre Palenque y Tiahuanaco.

Gentes quechuas y gentes mayas
te juramos lo que jurábamos.
De ti rodamos hacia el Tiempo
y subiremos a tu regazo;
de ti caímos en grumos de oro,
en vellón de oro desgajado,
y a ti entraremos rectamente
según dijeron Incas Magos.

¡Como racimos al lagar
volveremos los que bajamos,
como el cardumen de oro sube

a flor de mar arrebatado
y van las grandes anacondas
subiendo al silbo del llamado!

II. CORDILLERA

¡Cordillera de los Andes,
Madre yacente y Madre que anda,
que de niños nos enloquece
y hace morir cuando nos falta;
que en los metales y el amianto
nos aupaste las entrañas;
hallazgo de los primogénitos,
de Mama Ocllo y Manco Cápac,
tremendo amor y alzado cuerno
del hidromiel de la esperanza!

Jadeadora del Zodíaco,
sobre la esfera galopada;
corredora de meridianos,
piedra Mazzepa que no se cansa.
Atalanta que en la carrera
es el camino y es la marcha,
y nos lleva, pecho con pecho,
a lo madre y lo marejada,
a maná blanco y peán rojo
de nuestra bienaventuranza.

Caminas, madre, sin rodillas,
dura de ímpetu y confianza;
con tus siete pueblos caminas
en tus faldas acigüeñadas;

caminas la noche y el día,
desde mi Estrecho a Santa Marta,
y subes de las aguas últimas
la cornamenta del Aconcagua.
Pasas el valle de mis leches,
amoratando la higuerada;
cruzas el cíngulo de fuego
y los ríos Dioscuros lanzas[1];
pruebas Sargazos de salmuera
y desciendes alucinada...

Viboreas de las señales
del camino del Inca Huayna,
veteada de ingenierías
y tropeles de alpaca y llama,
de la hebra del indio atónito
y del ¡ay! de la quena mágica.
Donde son valles, son dulzuras;
donde repechas, das el ansia;
donde azurea el altiplano
es la anchura de la alabanza.

Extendida como una amante
y en los soles reverberada,
punzas al indio y al venado
con el jengibre y con la salvia;
en las carnes vivas te oyes
lento hormiguero, sorda vizcacha;
oyes al puma ayuntamiento

[1] El Cauca y el Magdalena.

y a la nevera, despeñada,
y te escuchas el propio amor
en tumbo y tumbo de tu lava...
Bajan de ti, bajan cantando,
como de nupcias consumadas,
tumbadores de las caobas
y rompedor de araucarias.
Aleluya por el tenerte
para cosecha de las fábulas,
alto ciervo que vio San Jorge
de cornamenta aureolada
y el fantasma del Viracocha,
vaho de niebla y vaho de habla.
¡Por las noches nos acordamos
de bestia negra y plateada,
leona que era nuestra madre
y de pie nos amamantaba!

En los umbrales de mis casas,
tengo tu sombra amoratada.
Hago, sonámbula, mis rutas,
en seguimiento de tu espalda,
o devanándome en tu niebla,
o tanteando un flanco de arca;
y la tarde me cae al pecho
en una madre desollada.
¡Ancha pasión, por la pasión
de hombros de hijos jadeada!

¡Carne de piedra de la América,
halalí de piedras rodadas,
sueño de piedra que soñamos,

piedras del mundo pastoreadas;
enderezarse de las piedras
para juntarse con sus almas!
¡En el cerro del valle de Elqui,
en luna llena de fantasma,
no sabemos si somos hombres
o somos peñas arrobadas!

Vuelven los tiempos en sordo río
y se les oye la arribada
a la meseta de los Cuzcos
que es la peana de la gracia.
Silbaste el silbo subterráneo
a la gente color del ámbar;
te desatamos el mensaje
enrollado de salamandra;
y de tus tajos recogemos
nuestro destino en bocanada.

¡Anduvimos como los hijos
que perdieron signo y palabra,
como beduino o ismaelita,
como las peñas hondeadas,
vagabundos envilecidos,
gajos pisados de vid santa,
hasta el día de recobrarnos
como amantes que se encontraran!

Otra vez somos los que fuimos,
cinta de hombres, anillo que anda,
viejo tropel, larga costumbre
en derechura a la peana,

donde quedó la madre augur
que desde cuatro siglos llama,
en toda noche de los Andes
y con el grito que es lanzada.

Otra vez suben nuestros coros
y el roto anillo de la danza,
por caminos que eran de chasquis[1]
y en pespunte de llamaradas.
Son otra vez adoratorios
jaloneando la montaña,
y la espiral en que columpian
mirra-copal, mirra-copaiba,
¡para tu gozo y nuestro gozo
balsámica y embalsamada!

Al fueguino sube al Caribe
por tus punas espejeadas;
a criaturas de salares
y de pinar lleva a las palmas.
Nos devuelves al Quetzalcóatl
acarreándonos al maya,
y en las mesetas cansa-cielos,
donde es la luz transfigurada,
braceadora, ata tus pueblos
como juncales de sabana.

¡Suelde el caldo de tus metales
los pueblos rotos de tus abras;

---

[1] "Chasquis", correos quechuas.

cose tus ríos vagabundos,
tus vertientes acainadas.
Puño de hielo, palma de fuego,
a hielo y fuego purifícanos!
¡Te llamemos en aleluya
y en letanía arrebatada:
¡Especie eterna y suspendida,
Alta-ciudad-Torres-doradas,
Pascual Arribo de tu gente,
Arca tendida de la Alianza!

PAÍS DE LA AUSENCIA

a Ribeiro Couto

País de la ausencia,
extraño país,
más ligero que ángel
y seña sutil,
color de alga muerta,
color de neblí,
con edad de siempre,
sin edad feliz.

No echa granada,
no cría jazmín,
y no tiene cielos
ni mares de añil.
Nombre suyo, nombre,
nunca se lo oí,

y en país sin nombre
me voy a morir.

Ni puente ni barca
me trajo hasta aquí,
No me lo contaron
por isla o país.
Yo no lo buscaba
ni lo descubrí.

Parece una fábula
que ya me aprendí,
sueño de tomar
y de desasir.
Y es mi patria donde
vivir y morir.

Me nació de cosas
que no son país:
de patrias y patrias
que tuve y perdí;
de las criaturas
que yo vi morir;
de lo que era mío
y se fue de mí.

Perdí cordilleras
en donde dormí;
perdí huertos de oro
dulces de vivir;
perdí yo las islas
de caña y añil,

y las sombras de ellos
me las vi ceñir
y juntas y amantes
hacerse país.

Guedejas de nieblas
sin dorso y cerviz,
alientos dormidos
me los vi seguir,
y en años errantes
volverse país,
y en país sin nombre
me voy a morir.

LA EXTRANJERA

a Francis de Miomandre

—"Habla con dejo de sus mares bárbaros,
con no sé qué algas y no sé qué arenas;
reza oración a dios sin bulto y peso,
envejecida como si muriera.
En huerto nuestro que nos hizo extraño,
ha puesto cactus y zarpadas hierbas.
Alienta del resuello del desierto
y ha amado con pasión de que blanquea,
que nunca cuenta y que si nos contase
sería como el mapa de otra estrella.
Vivirá entre nosotros ochenta años,
pero siempre será como si llega,

101

hablando lengua que jadea y gime
y que le entiendan solo bestezuelas.
Y va a morirse en medio de nosotros,
en una noche en la que más padezca,
con solo su destino por almohada,
de una muerte callada y *extranjera*".

BEBER

al Dr. Pedro de Alba

Recuerdo gestos de criaturas
y son gestos de darme el agua.

En el valle de Río Blanco,
en donde nace el Aconcagua,
llegué a beber, salté a beber
en el fuete[1] de una cascada,
que caía crinada y dura
y se rompía yerta y blanca.
Pegué mi boca al hervidero,
y me quemaba el agua santa,
y tres días sangró mi boca
de aquel sorbo del Aconcagua.

En el campo de Mitla, un día
de cigarras, de sol, de marcha,

[1] El español dice foete: nosotros, fuete.

me doblé a un pozo y vino un indio
a sostenerme sobre el agua,
y mi cabeza, como un fruto,
estaba dentro de sus palmas.
Bebía yo lo que bebía,
que era su cara con mi cara,
y en un relámpago yo supe
carne de Mitla ser mi casta.

En la Isla de Puerto Rico,
a la siesta de azul colmada,
mi cuerpo quieto, las olas locas,
y como cien madres las palmas,
rompió una niña por donaire
junto a mi boca un coco de agua,
y yo bebí, como una hija,
agua de madre, agua de palma.
Y más dulzura no he bebido
con el cuerpo ni con el alma.

A la casa de mis niñeces
mi madre me llevaba el agua.
Entre un sorbo y el otro sorbo
la veía sobre la jarra.
La cabeza más se subía
y la jarra más se abajaba.
Todavía yo tengo el valle,
tengo mi sed y su mirada.
Será esto la eternidad
que aún estamos como estábamos.

Recuerdo gestos de criaturas
y son gestos de darme el agua.

TODAS ÍBAMOS A SER REINAS

Todas íbamos a ser reinas,
de cuatro reinos sobre el mar:
Rosalía con Efigenia
y Lucila con Soledad.

En el valle de Elqui, ceñido
de cien montañas o de más,
que como ofrendas o tributos
arden en rojo y azafrán.

Lo decíamos embriagadas,
y lo tuvimos por verdad,
que seríamos todas reinas
y llegaríamos al mar.

Con las trenzas de los siete años,
y batas claras de percal,
persiguiendo tordos huidos
en la sombra del higueral.

De los cuatro reinos, decíamos,
indudables como el Korán,
que por grandes y por cabales
alcanzarían hasta el mar.

Cuatro esposos desposarían,
por el tiempo de desposar,
y eran reyes y cantadores
como David, rey de Judá.

Y de ser grandes nuestros reinos,
ellos tendrían, sin faltar,
mares verdes, mares de algas,
y el ave loca del faisán.

Y de tener todos los frutos,
árbol de leche, árbol del pan,
el guayacán no cortaríamos
ni morderíamos metal.

Todas íbamos a ser reinas,
y de verídico reinar;
pero ninguna ha sido reina
ni en Arauco ni en Copán...

Rosalía besó marino
ya desposado con el mar,
y al besador, en las Guaitecas,
se lo comió la tempestad.

Soledad crió siete hermanos
y su sangre dejó en su pan,
y sus ojos quedaron negros
de no haber visto nunca el mar.

En las viñas de Montegrande,
con su puro seno candeal,
mece los hijos de otras reinas
y los suyos nunca-jamás.

Efigenia cruzó extranjero
en las rutas, y sin hablar,

le siguió, sin saberle nombre,
porque el hombre parece el mar.

Y Lucila, que hablaba a río,
a montaña y cañaveral,
en las lunas de la locura
recibió reino de verdad.

En las nubes contó diez hijos
y en los salares su reinar,
en los ríos ha visto esposos
y su manto en la tempestad.

Pero en el valle de Elqui, donde
son cien montañas o son más,
cantan las otras que vinieron
y las que vienen cantarán:

—"En la tierra seremos reinas,
y de verídico reinar,
y siendo grandes nuestros reinos,
llegaremos todas al mar".

COSAS

a Max Daireaux

1
Amo las cosas que nunca tuve
con las otras que ya no tengo:

Yo toco un agua silenciosa,
parada en pastos friolentos,
que sin un viento tiritaba
en el huerto que era mi huerto.

La miro como la miraba;
me da un extraño pensamiento,
y juego, lenta, con esa agua
como con pez o con misterio.

2
Pienso en umbral donde dejé
pasos alegres que ya no llevo,
y en el umbral veo una llaga
llena de musgo y de silencio.

3
Me busco un verso que he perdido,
que a los siete años me dijeron.
Fue una mujer haciendo el pan
y yo su santa boca veo.

4
Viene un aroma roto en ráfagas;
soy muy dichosa si lo siento;
de tan delgado no es aroma,
siendo el olor de los almendros.

Me vuelve niños los sentidos;
le busco un nombre y no lo acierto,
y huelo el aire y los lugares
buscando almendros que no encuentro.

5

Un río suena siempre cerca.
Ha cuarenta años que lo siento.
Es canturía de mi sangre
o bien un ritmo que me dieron.

O el río Elqui de mi infancia
que me repecho y me vadeo.
Nunca lo pierdo; pecho a pecho,
como dos niños, nos tenemos.

6

Cuando sueño la Cordillera,
camino por desfiladeros,
y voy oyéndoles, sin tregua,
un silbo casi juramento.

7

Veo al remate del Pacífico
amoratado mi archipiélago,
y de una isla me ha quedado
un olor acre de alción muerto…

8

Un dorso, un dorso grave y dulce,
remata el sueño que yo sueño.
Es al final de mi camino
y me descanso cuando llego.

Es tronco muerto o es mi padre,
el vago dorso ceniciento.
Yo no pregunto, no lo turbo.
Me tiendo junto, callo y duermo.

9

Amo una piedra de Oaxaca
o Guatemala, a que me acerco,
roja y fija como mi cara
y cuya grieta da un aliento.

Al dormirme queda desnuda;
no sé por qué yo la volteo.
Y tal vez nunca la he tenido
y es mi sepulcro lo que veo…

AUSENCIA

Se va de ti mi cuerpo gota a gota.
Se va mi cara en un óleo sordo;
se van mis manos en azogue suelto;
se van mis pies en dos tiempos de polvo.

¡Se va todo, se nos va todo!

Se va mi voz, que te hacía campana
cerrada a cuanto no somos nosotros.
Se van mis gestos que se devanaban,
en lanzaderas, debajo tus ojos.
Y se te va la mirada que entrega,
cuando te mira, el enebro y el olmo.

Me voy de ti con tus mismos alientos:
como humedad de tu cuerpo evaporo.
Me voy de ti con vigilia y con sueño,

y en tu recuerdo más fiel ya me borro.
Y en tu memoria me vuelvo como esos
que no nacieron en llanos ni en sotos.

Sangre sería y me fuese en las palmas
de tu labor, y en tu boca de mosto.
Tu entraña fuese, y sería quemada
en marchas tuyas que nunca más oigo,
¡y en tu pasión que retumba en la noche
como demencia de mares solos!

¡Se nos va todo, se nos va todo!

CANCIÓN DE LAS MUCHACHAS MUERTAS

Recuerdo de mi sobrina Graciela

¿Y las pobres muchachas muertas,
escamoteadas en abril,
las que asomáronse y hundiéronse
como en las olas del delfín?

¿A dónde fueron y se hallan,
encuclilladas por reír
o agazapadas esperando
voz de un amante que seguir?

¿Borrándose como dibujos
que Dios no quiso reteñir

110

o anegadas poquito a poco
como en sus fuentes un jardín?

A veces quieren en las aguas
ir componiendo su perfil,
y en las carnudas rosas-rosas
casi consiguen sonreír.

En los pastales acomodan
su talle y bulto de ceñir
y casi logran que una nube
les preste cuerpo por ardid;

Casi se juntan las deshechas;
casi llegan al sol feliz;
casi reniegan su camino
recordando que eran de aquí;

Casi deshacen su traición
y van llegando a su redil.
¡Y casi vemos en la tarde
el divino millón venir!

DESHECHA

Hay una congoja de algas
y una sordera de arenas,
un solapamiento de aguas
con un quebranto de hierbas.

Estamos bajo la noche
las criaturas completas:
los muros, blancos de fieles;
el pinar lleno de esencia,
una pobre fuente impávida
y un dintel de frente alerta.

Y mirándonos en ronda,
sentimos como vergüenza
de nuestras rodillas íntegras
y nuestras sienes sin mengua.

Cae el cuerpo de una madre
roto en hombros y en caderas;
cae en un lienzo vencido
y en unas tardas guedejas.

Ya oyen caer sus hijos
como la duna su arena;
en mil rayas soslayadas,
se va y se va por la puerta.

Y nadie para el estrago,
y están nuestras manos quietas,
mientras que bajan sus briznas
en un racimo de abejas.

Descienden abandonados
sus gestos que no sujeta,
y su brazo se relaja,
y su color no se acuerda.

¡Y pronto va a estar sin nombre
la madre que aquí se mienta,
y ya no le convendrán
perfil, ni casta, ni tierra!

Ayer no más era una
y se podía tenerla,
diciendo nombre verídico
a la madre verdadera.

De sien a pies, era única
como el compás o la estrella.
Ahora ya es el reparto
entre dos devanaderas
y el juego de "toma y daca"
entre Miguel y la Tierra.

Entre orillas que se ofrecen,
vacila como las ebrias
y después sube tomada
de otro aire y otra ribera.

Se oye un duelo de orillas
por la madre que era nuestra:
una orilla que la toma
y otra que aún la jadea.

¡Llega al tendal dolorido
de sus hijos en la aldea,
el trance de su conflicto
como de un río en el delta!

CONFESIÓN

I

—Pende en la comisura de tu boca,
pende tu confesión, y yo la veo:
casi cae a mis manos.

Di tu confesión, hombre de pecado,
triste de pecado, sin paso alegre,
sin voz de álamos, lejano de los que amas,
por la culpa que no se rasga como el fruto.
Tu madre es menos vieja
que la que te oye, y tu niño es tan tierno
que lo quemas como un helecho si se la dices.

Yo soy vieja como las piedras para oírte,
profunda como el musgo de cuarenta años,
para oírte;
con el rostro sin asombro y sin cólera,
cargado de piedad desde hace muchas vidas,
para oírte.

Dame los años que tú quieras darme,
y han de ser menos de los que yo tengo,
porque otros ya, también sobre esta arena,
me entregaron las cosas que no se oyen en vano,
y la piedad envejece como el llanto
y engruesa el corazón como el viento a la duna.

Di la confesión para irme con ella
y dejarte puro.

No volverás a ver a la que miras
ni oirás más la voz que te contesta;
pero serás ligero como antes
al bajar las pendientes y al subir las colinas,
y besarás de nuevo sin zozobra
y jugarás con tu hijo en unas peñas de oro.

II

Ahora tú echa yemas y vive
días nuevos y que te ayude el mar con yodos.
No cantes más canciones que supiste
y no mientes los pueblos ni los valles
que conocías, ni sus criaturas.
¡Vuelve a ser el delfín y el buen petrel
loco de mar y el barco empavesado!

Pero siéntate un día
en otra duna, al sol, como me hallaste,
cuando tu hijo tenga ya treinta años,
y oye al otro que llega,
cargado como de alga el borde de la boca.
Pregúntale también con la cabeza baja,
y después no preguntes, sino escucha
tres días y tres noches.
¡Y recibe su culpa como ropas
cargadas de sudor y de vergüenza,
sobre tus dos rodillas!

VIEJA

Ciento veinte años tiene, ciento veinte,
y está más arrugada que la Tierra.
Tantas arrugas lleva que no lleva otra cosa
sino alforzas y alforzas como la pobre estera.

Tantas arrugas hace como la duna al viento,
y se está al viento que la empolva y pliega;
tantas arrugas muestra que le contamos solo
sus escamas de pobre carpa eterna.

Se le olvidó la muerte inolvidable,
como un paisaje, un oficio, una lengua.
Y a la muerte también se le olvidó su cara,
porque se olvidan las caras sin cejas...

Arroz nuevo le llevan en las dulces mañanas;
fábulas de cuatro años al servirle le cuentan;
aliento de quince años al tocarla le ponen;
cabellos de veinte años al besarla le allegan.

Mas la misericordia que la salva es la mía.
Yo le regalaré mis horas muertas,
y aquí me quedaré por la semana,
pegada a su mejilla y a su oreja.

Diciéndole la muerte lo mismo que una patria;
dándosela en la mano como una tabaquera;
contándole la muerte como se cuenta a Ulises,
hasta que me la oiga y me la aprenda.

"La Muerte", le diré al alimentarla;
y "La Muerte", también, cuando la duerma;
"La Muerte", como el número y los números,
como una antífona y una secuencia.

Hasta que alargue su mano y la tome,
lúcida al fin en vez de soñolienta,
abra los ojos, la mire y la acepte
y despliegue la boca y se la beba.

Y que se doble lacia de obediencia
y llena de dulzura se disuelva,
con la ciudad fundada el año suyo
y el barco que lanzaron en su fiesta.

Y yo pueda sembrarla lealmente,
como se siembran maíz y lenteja,
donde a tiempo las otras se sembraron,
más dóciles, más prontas y más frescas.

El corazón aflojado soltando,
y la nuca poniendo en una arena,
las viejas que pudieron no morir:
Clara de Asís, Catalina y Teresa.

DEDICATORIA

Tardo en pagar mis deudas. Pero en esta ausencia de doce años
de mi México no tuve antes sosiego largo para juntar lo disperso
y aventado.

"MUERTE DE MI MADRE"

Ella se me volvió una larga y sombría posada; se me hizo un país en que viví cinco o siete años, país amado a causa de la muerta, odioso a causa de la volteadura de mi alma en una larga crisis religiosa. No son ni buenos ni bellos los llamados "frutos del dolor" y a nadie se los deseo. De regreso de esta vida en la más prieta tiniebla, vuelvo a decir como al final de *Desolación*, la alabanza de la alegría. El tremendo viaje acaba en la esperanza de las *Locas Letanías* y cuenta su remate a quienes se cuidan de mi alma y poco saben de mí desde que vivo errante.

"NOCTURNO DE LA CONSUMACIÓN"

Cuantos trabajan con la expresión rimada, más aún con la cabalmente rimada, saben que la rima, que escasea al comienzo, a poco andar se viene sobre nosotros en una lluvia cerrada, entrometiéndose dentro del verso mismo, de tal manera que, en los poemas largos, ella se vuelve lo natural y no lo perseguido… En este momento, rechazar una rima interna llega a parecer… rebeldía artificiosa. Ahí ha dejado varias de esas rimas internas y espontáneas. Rabie con ellas el de oído retórico, que el niño o Juan Pueblo, criaturas poéticas cabales, aceptan con gusto la infracción.

"NOCTURNO DE LA DERROTA"

No solo en la escritura sino también en el habla, dejo por complacencia, mucha expresión arcaica, sin poner más condición al arcaísmo que la de que esté vivo y sea llano. Muchos, digo, y no todos los arcaísmos que me acuden y que sacrifico en obsequio de la persona antiarcaica que va a leer. En América esta persona resulta siempre ser una capitalina. El campo americano —en el campo yo me crié— sigue hablando su lengua nueva veteada de ellos. La ciudad, lectora de libros doctos, cree que un tal repertorio arranca en mí de los clásicos añejos, y la muy urbana se equivoca.

"DOS HIMNOS"

Después de la trompa épica, más elefantina que metálica, de nuestros románticos, que recogieron la gesticulación de los Quintana y los Gallegos, vino nuestra generación una repugnancia exagerada hacia el himno largo y ancho, hacia el tono mayor. Llegaron las flautas y los carrizos, ya no solo de maíz, sino de arroz y cebada... El tono menor fue el bienvenido, y dejó sus primores, entre los que se cuentan nuestras canciones más íntimas y acaso las más puras. Pero ya vamos tocando al fondo mísero de la joyería y de la creación en acónitos. Suele echarse de menos, cuando se mira a los monumentos indígenas o la Cordillera, una voz entera que tenga el valor de allegarse a esos materiales formidables.

Nuestro cumplimiento con la tierra de América ha comenzado por sus cogollos. Parece que tenemos contados todos los caracoles, los colibríes y las orquídeas nuestros, y que siguen en vacancia cerros y soles, como quien dice la peana y el nimbo de la Walkiria terrestre que se llama América.

Lo mismo que cuando hice unas *Rondas* de niños y unas *Canciones de Cuna*, balbuceo el tema por vocear su presencia a los mozos, es decir, a los que vienen mejor dotados que nosotros y "con la estrella de la fortuna" a mitad de la frente. Puede que, como en el caso anterior, el que entendió la señal siga la ruta y alcance el logro. Yo sé muy bien que doy un puro balbuceo del asunto. Igual que otras veces, afronto el ridículo con la sonrisa de la mujer rural cuando se le malogra el frutillar o el arrope en el fuego…

El que discuta la necesidad de hacer de tarde en tarde el himno en tono mayor, sepa a lo menos que vamos sintiendo un empalago de lo mínimo y de lo blando, del "mucílago de linaza…".

Si nuestro Rubén, después de la *Marcha Triunfal* (que es griega o romana) y del *Canto a Roosevelt* que es ya americano, hubiese querido dejar los Parises y los Madrides y venir a perderse en la naturaleza americana por unos largos años —era el caso de perderse a las buenas— ya no tendríamos estos temas en la cantera; estarían devastados y andarían entonando el alma del mocerío. Llega el escuadrón de mozos sin mucho gusto que digamos del "Aire Suave" o de la Marquesa Eulalia. Tienen razón: el aire del mundo se ha vuelto un *puelche*[1] violento y el mar de jacintos se muda de pronto en el otro mar que los marinos llaman *acarnerado*.

[1] Puelche, viento de la Patagonia.

"SAUDADE"

Suelo creer con Stefan George en un futuro préstamo de lengua a lengua latina. Por lo menos, en el de ciertas palabras, logro definitivo del genio de cada una de ellas, expresiones inconmovibles en su rango de palabras "verdaderas". Sin empacho encabezo una sección de este libro, rematado en el dulce suelo y el dulce aire portugueses, con esta palabra *Saudade*. Ya sé que dan por equivalente de ella la castellana "soledades". La sustitución vale para España; en América el sustantivo *soledad* no se aplica sino en su sentido inmediato, único que allá le conocemos.

"BEBER"

Falta la rima final, para algunos oídos. En el mío, desatento y basto, la palabra esdrújula no da rima precisa ni vaga. El salto del esdrújulo deja en el aire su cabriola como una trampa que engaña al amador del sonsonete. Este amador persona colectiva que fue millón, disminuye a ojos vistas, y bien se puede servirlo a medias y también dejar de servirlo…

"TODAS ÍBAMOS A SER REINAS"

Esta imaginería tropical vivida en un valle caliente, aunque sea cordillerano, tenía su razón de ser. El hacendado don Adolfo Iribarren —Dios le dé bellas visiones en el cielo—, por una fantasía rara de hallar en hombre de sangre vasca, se había creado, en su casa de Monte Grande, casi un parque medio botánico y zoológico. Allí me había yo de conocer el ciervo y la gacela, el pavo real, el faisán, y muchos árboles exóticos, entre ellos el flamboyán de Puerto Rico, que él llamaba por su nombre verdadero de "árbol del fuego" y que deveras ardía en el florecer, no menos que la hoguera.

No bautizan con Ifigenia sino con Efigenia, en mis cerros de Elqui. A esto lo llaman disimilación los filólogos, y es operación que hace el pueblo, la mejor criatura verbal que Dios crió, quien avienta el vocablo de pronunciación forzada y pedante, por holgura de la lengua y agrado del oído.

De
TERNURA

PIECECITOS

a doña Isaura Dinator

Piececitos de niño,
azulosos de frío,
¡cómo os ven y no os cubren,
Dios mío!

Piececitos heridos
por los guijarros todos,
ultrajados de nieves
y lodos!

El hombre ciego ignora
que por donde pasáis,
una flor de luz viva
dejáis;

Que allí donde ponéis
la plantita sangrante,
el nardo nace más
fragante.

Sed, puesto que marcháis
por los caminos rectos,
heroicos como sois
perfectos.

Piececitos de niño,
dos joyitas sufrientes,
¡cómo pasan sin veros
las gentes!

HALLAZGO

Me encontré este niño
cuando al campo iba:
dormido lo he hallado
en unas espigas...
O tal vez ha sido
cruzando la viña:
buscando los pámpanos
topé su mejilla...

Y por eso temo,
al quedar dormida,
se evapore como
la helada en las viñas...

ROCÍO

Esta era una rosa
que abaja el rocío:
este era mi pecho
con el hijo mío.

Junta sus hojitas
para sostenerlo
y esquiva los vientos
por no desprenderlo.

Porque él ha bajado
desde el cielo inmenso

será que ella tiene
su aliento suspenso.

De dicha se queda
callada, callada:
no hay rosa entre rosas
tan maravillada.

Esta era una rosa
que abaja el rocío:
este era mi pecho
con el hijo mío.

APEGADO A MÍ

Velloncito de mi carne,
que en mi entraña yo tejí,
velloncito friolento,
¡duérmete apegado a mí!

La perdiz duerme en el trébol
escuchándole latir:
no te turben mis alientos,
¡duérmete apegado a mí!

Hierbecita temblorosa
asombrada de vivir,
no te sueltes de mi pecho:
¡duérmete apegado a mí!

Yo que todo lo he perdido
ahora tiemblo de dormir.
No resbales de mi brazo:
¡duérmete apegado a mí!

LA NOCHE

Por que duermas, hijo mío,
el ocaso no arde más:
no hay más brillo que el rocío,
más blancura que mi faz.

Por que duermas, hijo mío,
el camino enmudeció:
nadie gime sino el río;
nada existe sino yo.

Se anegó de niebla el llano.
Se encogió el suspiro azul.
Se ha posado como una mano
sobre el mundo la quietud.

Yo no solo fui meciendo
a mi niño en mi cantar:
a la Tierra iba durmiendo
al vaivén del acunar…

ARRORRÓ ELQUINO

a Isolina Barraza de Estay

En la falda yo me tengo
una cosa de pasmar:
niña de algodón en rama,
copo de desbaratar,
cabellitos de vilanos
y bracitos sin cuajar

Vienen gentes de Paihuano
y el "mismísimo" Coguaz[1]
por llevarse novedades
en su lengua lenguaraz.

Y no tiene todavía
la que llegan a buscar
ni bautismo que le valga
ni su nombre de vocear

Tanta gente y caballada
en el patio y el corral
por un bulto con un llanto,
y una faja, y un pañal.

Elquinada novedosa,
resonando de metal;

---

[1] Aldea en la cordillera, donde termina el valle de Elqui.

que se sienten en redondo
como en era de trillar;

Que la miren embobados,
—ojos vienen y ojos van—
y le pongan en hileras
pasas, queso, uvate[1], sal.

Y después que la respiren
y la toquen como al pan,
que se vuelvan y nos dejen
en "compaña" y soledad,

Con las lunas de milagro,
con los cerros de metal,
con las luces, y las sombras,
y las nieblas de soñar.

Me la tengo todavía
siete años de encañar.
¡Madre mía, me la tengo
de tornearla y rematar!

¡Ah!, ¡ah!, ¡ah!,
¡viejo torno de girar!
¡Siete años todavía
gira, gira y girarás!

[1] Dulce o confitura hecho con el hollejo de la uva.

CANCIÓN AMARGA

¡Ay! ¡Juguemos, hijo mío,
a la reina con el rey!

Este verde campo es tuyo.
¿De quién más podría ser?
Las oleadas de la alfalfa
para ti se han de mecer.

Este valle es todo tuyo.
¿De quién más podría ser?
Para que los disfrutemos
los pomares se hacen miel.

(¡Ay! ¡No es cierto que tiritas
como el Niño de Belén
y que el seno de tu madre
se secó de padecer!)

El cordero está espesando
el vellón que he de tejer,
y son tuyas las majadas.
¿De quién más podrían ser?

Y la leche del establo
que en la ubre ha de correr,
y el manojo de las mieses,
¿de quién más podrían ser?

(¡Ay! ¡No es cierto que tiritas
como el Niño de Belén

y que el seno de tu madre
se secó de padecer!)

¡Sí! ¡Juguemos, hijo mío,
a la reina con el rey!

El ESTABLO

Al llegar la medianoche
y al romper en llanto el Niño,
las cien bestias despertaron
y el establo se hizo vivo.

Y se fueron acercando,
y alargaron hasta el Niño
los cien cuellos anhelantes
como un bosque sacudido.

Bajó un buey su aliento al rostro
y se lo exhaló sin ruido,
y sus ojos fueron tiernos
como llenos de rocío.

Una oveja lo frotaba,
contra su vellón suavísimo,
y las manos le lamían,
en cuclillas, dos cabritos...

Las paredes del establo
se cubrieron sin sentirlo

de faisanes, y de ocas,
y de gallos, y de mirlos.

Los faisanes descendieron
y pasaban sobre el Niño
la gran cola de colores;
y las ocas de anchos picos,

Arreglábanle las pajas;
y el enjambre de los mirlos
era un velo palpitante
sobre del recién nacido...

Y la Virgen, entre cuernos
y resuellos blanquecinos,
trastrocada iba y venía
sin poder coger al Niño.

Y José llegaba riendo
acudir a la sin tino.
Y era como bosque al viento
el establo conmovido...

NIÑO RICO

a Arévalo Martínez

Yo no despierto a mi dormido
la Noche Buena de Belén,
porque sueña con la Etiopía
desde su loma del Petén.

Me quedo sola y no despierto
al que está viendo lo que ve:
las palomas, las codornices,
el agua-rosa, el río-miel,

El amate cobija-pueblo,
la palmera mata-la-sed,
el pez-arcángel del Caribe
y su quetzal maya-quiché.

Yo no despierto a mi dormido
para dormírmelo otra vez,
arrebatarle maravilla
y no saberla devolver…

El sueño mío que rompieron,
no lo supe dormir después,
y cuando lloro todavía
lloro mi Noche de Belén.

NIÑO CHIQUITO

a Fernanda de Castro

Absurdo de la noche,
burlador mío,
si-es no-es de este mundo,
niño dormido.

Aliento angosto y ancho
que oigo y no miro,
almeja de la noche
que llamo hijo.

Filo de lindo vuelo,
filo de silbo,
filo de larga estrella,
niño dormido.

A cada hora que duermes,
más ligerito.
Pasada medianoche,
ya apenas niño.

Espesa losa, vigas
pesadas, lino
áspero, canto duro,
sobre mi hijo.

Aire insensato, estrellas
hirvientes, río
terco, porfiado búho,
sobre mi hijo.

En la noche tan grande,
tan poco niño,
tan poca prueba y seña,
tan poco signo.

Vergüenza tanta noche
y tanto río,
y "tanta madre tuya"[1],
niño dormido.

Achicarse la Tierra
con sus caminos,
aguzarse la esfera
tocando un niño.

¡Mudársete la noche
en lo divino,
yo en urna de tu sueño,
hijo dormido!

CANCIÓN DE LA MUERTE

La vieja Empadronadora,
la mañosa Muerte,
cuando vaya de camino,
mi niño no encuentre.

[1] Expresión popular mexicana.

La que huele a los nacidos
y husmea su leche,
encuentre sales y harinas,
mi leche no encuentre.

La Contra-Madre del Mundo
la Convida-gentes,
por las playas y las rutas
no halle al inocente.

El nombre de su bautismo
—la flor con que crece—,
lo olvide la memoriosa,
lo pierda, la Muerte.

De vientos, de sal y arenas,
se vuelva demente,
y trueque, la desvariada,
el Oeste, y el Este.

Niño y madre los confunda
lo mismo que peces,
y en el día y en la hora
a mí sola encuentre.

¿EN DÓNDE TEJEMOS LA RONDA?

¿En dónde tejemos la ronda?
¿La haremos a orillas del mar?

El mar danzará con mil olas
haciendo una trenza de azahar.

¿La haremos al pie de los montes?
El monte nos va a contestar.
¡Será cual si todas quisiesen,
las piedras del mundo, cantar!

¿La haremos, mejor, en el bosque?
La voz y la voz va a trenzar,
y cantos de niños y de aves
se irán en el viento a besar.

¡Haremos la ronda infinita!
¡La iremos al bosque a trenzar,
la haremos al pie de los montes
y en todas las playas del mar!

DAME LA MANO[1]

a Tasso de Silveira

Dame la mano y danzaremos;
dame la mano y me amarás.
Como una sola flor seremos,
como una flor, y nada más...

[1] Mi compañero el poeta Tasso de Silveira me salvó una estrofa perdida de esta *Ronda*, la única que tal vez importaba cuidar, y que había sido suprimida por editor o tipógrafo

El mismo verso cantaremos,
al mismo paso bailarás.
Como una espiga ondularemos,
como una espiga, y nada más.

Te llamas Rosa y yo Esperanza;
pero tu nombre olvidarás,
porque seremos una danza
en la colina, y nada más...

LOS QUE NO DANZAN

Una niña que es inválida
dijo —"¿Cómo danzo yo?".
Le dijimos que pusiera
a danzar su corazón...

Luego dijo la quebrada:
—"¿Cómo cantaría yo?".
Le dijimos que pusiera
a cantar su corazón...

Dijo el pobre cardo muerto:
—"¿Cómo danzaría yo?".
Le dijimos:—"Pon al viento
a volar tu corazón...".

Dijo Dios desde la altura:
—"¿Cómo bajo del azul?".
Le dijimos que bajara
y danzarnos en la luz.

Todo el valle está danzando
en un corro bajo el sol.
A quien falte se le vuelve
de ceniza el corazón...

QUE NO CREZCA

Que el niño mío
así se me queda.
No mamó mi leche
para que creciera.

Un niño no es el roble,
y no es la ceiba.
Los álamos, los pastos,
los otros, crezcan:
en malvavisco
mi niño se queda.

Ya no le falta nada:
risa, maña, cejas,
aire y donaire.
Sobra que crezca.

Si crece, lo ven todos
y le hacen señas.
O me lo envalentonan
mujeres necias
o tantos mocetones
que a casa llegan:

¡que mi niño no mire
monstruos de leguas!

Los cinco veranos
que tiene tenga.
Así como está
baila y galanea.
En talla de una vara
caben sus fiestas,
todas sus Pascuas
y Noches-Buenas.

Mujeres locas
no griten y sepan:
Nacen y no crecen
el Sol y las piedras,
nunca maduran
y quedan eternas.
En la majada
cabritas y ovejas,
maduran y se mueren:
¡malhaya ellas!

¡Dios mío, páralo!
¡Que ya no crezca!
Páralo y sálvalo:
¡mi hijo no se me muera!

ENCARGOS

a Amelia Castillo Ledón

Le he rogado al almud de trigo
guarde la harina sin agriura,
y a los vinos que, cuando beba,
no me le hagan sollamadura.
Y vino y trigo que me oían
se movieron como quien jura…

Grité en la peña al oso negro,
al que llamamos sin fortuna,
que, si sube despeñadero,
no me lo coma bestia alguna.
Y el oso negro prometía
con su lomo sin sol ni luna…

Tengo dicho a la oreja crespa
de la cicuta, que es impura,
que si la muerde, no lo mate,
aunque su flor esté madura.
Y la cicuta, comprendiendo,
se movía, jura que jura.

Y mandado le tengo al río,
que es agua mala, de conjura,
que le conozca y no le ahogue,
cuando le cruce embocadura.
Y en ademán de espuma viva,
el río malo me lo jura…

Ando en el trance de mostrarlo
a las cosas, una por una,
y las mujeres se me ríen
del sacar niño de la cuna,
aunque viven a lluvia y aire
la granada con la aceituna.

Cuando ya estamos de regreso
a la casa de nuez oscura,
yo me pongo a rezar el mundo,
como quien punza y lo apresura,
¡para que el mundo, como madre,
sea loco de mi locura
y tome en brazos y levante
al niñito de mi cintura!

MIEDO

Yo no quiero que a mi niña
golondrina me la vuelvan;
se hunde volando en el Cielo
y no baja hasta mi estera;
en el alero hace nido
y mis manos no la peinan.
Yo no quiero que a mi niña
golondrina me la vuelvan.

Yo no quiero que a mi niña
la vayan a hacer princesa.
Con zapatitos de oro

¿cómo juega en las praderas?
Y cuando llegue la noche
a mi lado no se acuesta...
Yo no quiero que a mi niña
la vayan a hacer princesa.

Y menos quiero que un día
me la vayan a hacer reina.
La subirán al trono
a donde mis pies no llegan.
Cuando viniese la noche
yo no podría mecerla...
¡Yo no quiero que a mi niña
me la vayan a hacer reina!

DEVUELTO

A la cara de mi hijo
que duerme, bajan
arenas de las dunas,
flor de la caña
y la espuma que vuela
de la cascada…

Y es sueño nada más
cuanto le baja;
sueño cae a su boca,
sueño a su espalda
y me roban su cuerpo
junto con su alma.

Y así lo van cubriendo
con tanta maña,
que en la noche no tengo
hijo ni nada,
madre ciega de sombra,
madre robada.

Hasta que el sol bendito
al fin lo baña:
me lo devuelve en linda
fruta mondada
¡y me lo pone entero
sobre la falda!

LA NUEZ VANA

I

La nuez abolladita
con la que juegas,
caída del nogal
no vio la Tierra.

La recogí del pasto,
no supo quién yo era.
Tirada al cielo,
no lo vio la ciega.
Con ella cogida
yo bailé en la era
y no oyó, la sorda,
correr a las yeguas…

Tú no la voltees.
Su noche la duerma.
La partirás llegando
la Primavera.
El mundo de Dios
de golpe le entregas
y le gritas su nombre
y el de la Tierra.

II. JUGARRETAS

LA PAJITA

Esta que era una niña de cera;
pero no era una niña de cera:
era una gavilla parada en la era.
Pero no era una gavilla,
sino la flor tiesa de la maravilla[1].

Tampoco era la flor sino que era
un rayito de sol pegado a la vidriera.
No era un rayito de sol siquiera:
una pajita dentro de mis ojitos era.

¡Alléguense a mirar cómo he perdido entera,
en este lagrimón, mi fiesta verdadera!

[1] En Chile llamamos "flor de la maravilla" al girasol.

LA MANCA

Que mi dedito lo cogió una almeja,
y que la almeja se cayó en la arena,
y que la arena se la tragó el mar.
Y que del mar la pescó un ballenero
y el ballenero llegó a Gibraltar;
y que en Gibraltar cantan pescadores:
—"Novedad de tierra sacamos del mar,
novedad de un dedito de niña.
¡La que esté manca lo venga a buscar!".

Que me den un barco para ir a traerlo,
y para el barco me den capitán,
para el capitán que me den soldada,
y que por soldada pide la ciudad:
Marsella con torres y plazas y barcos
de todo el mundo la mejor ciudad,
que no será hermosa con una niñita
a la que robó su dedito el mar,
y los balleneros en pregones cantan
y están esperando sobre Gibraltar…

LA RATA

Una rata corrió a un venado,
y los venados al jaguar
y los jaguares a los búfalos,
y los búfalos a la mar…

¡Pillen, pillen a los que se van!
¡Pillen a la rata, pillen al venado,
pillen a los búfalos y a la mar!

Miren que la rata de la delantera
se lleva en las patas lana de bordar
y con la lana bordo mi vestido
y con el vestido me voy a casar.

Suban y pasen la llanada,
corran sin aliento, sigan sin parar,
vuelen por la novia, y por el cortejo,
y por la carroza y el velo nupcial.

EL PAPAGAYO

El papagayo verde y amarillo,
el papagayo verde y azafrán,
me dijo "fea" con su habla gangosa
y con su pico que es de Satanás.

Yo no soy fea, que si fuese fea,
fea es mi madre parecida al sol,
fea la luz en que mira mi madre
y feo el viento en que pone su voz,
y fea el agua en que cae su cuerpo
y feo el mundo y Él que lo crió…

El papagayo verde y amarillo
el papagayo verde y tornasol,

me dijo "fea" porque no ha comido
y el pan con vino se lo llevo yo,
que ya me voy cansando de mirarlo
siempre colgado y siempre tornasol.

EL PAVO REAL

Que sopló el viento y se llevó las nubes
y que en las nubes iba un pavo real,
que el pavo real era para mi mano
y que la mano se me va a secar,
y que la mano la di esta mañana
al rey que vino para desposar.

¡Ay que el cielo, ay que el viento, y la nube
que se van con el pavo real!

De
LAGAR

LA OTRA

Una en mí maté:
yo no la amaba.

Era la flor flameando
del cactus de montaña;
era aridez y fuego;
nunca se refrescaba.

Piedra y cielo tenía
a pies y a espaldas
y no bajaba nunca
y buscar "ojos de agua".

Donde hacía su siesta,
las hierbas se enroscaban
de aliento de su boca
y brasa de su cara.

En rápidas resinas
se endurecía su habla,
por no caer en linda
presa soltada.

Doblarse no sabía
la planta de montaña,
y al costado de ella,
yo me doblaba...

La dejé que muriese,
robándole mi entraña.

Se acabó como el águila
que no es alimentada.

Sosegó el aletazo,
se dobló, lacia,
y me cayó a la mano
su pavesa acabada...

Por ella todavía
me gimen sus hermanas,
y las gredas de fuego
al pasar me desgarran.

Cruzando yo les digo:
—Buscad por las quebradas
y haced con las arcillas
otra águila abrasada.

Si no podéis, entonces
¡ay! olvidadla.
Yo la maté. Vosotras
también ¡matadla!

CAMPEÓN FINLANDÉS

Campeón finlandés, estás tendido
en la relumbre de tu último Stadium,
rojo como el faisán en su vida y su muerte,
de heridas pespunteado y apurado
gárgola viva de tu propia sangre.

Has caído en las nieves de tu infancia,
en filos azulados y en espejos acérrimos
diciendo ¡no! hacia el Norte y el Este,
un ¡no! que aprieta los gajos de nieve,
endurece como diamantes los skies
y para el tanque como un jabalí...
Nadador, pelotaris, corredor,
que te quemen el nombre y te llamen "Finlandia".
Benditos sean tu última pista,
el meridiano que tomó tu cuerpo
y el sol de medianoche, que te cedió el milagro.

Negaste al invasor el sorbo de tus lagos,
tus caminos y la hebra de tus renos,
el umbral de tu casa, el cubo de tu arena,
el arco-iris de las Vírgenes de Cristo,
la bautizada frente de tus niños.

Te miran sus quinientos lagos
que probaron tu cuerpo uno por uno.
Se empina, atarantada, por saberte, la morsa,
como cuando gritabas la Maratón ganada,
y dos renos te echan el humo del aliento
en dos pitones blancos que se hacen y deshacen.

Para que no te aúllen, te bailen ni te befen
esta noche los tártaros dementes,
cuyas botas humean de nieve y tropelía,
las mujeres te conducimos como a un hijo,
alzamos la nonada de tu cuerpo
y vamos a quemarte en tus pinos del Norte.

No lloran ni las madres ni los niños,
ni aun el hielo, en la Finlandia enjuta
como la Macabea, que da sudor de sangre
y da de mamar sangre, pero no llora llanto;
y nosotras tampoco lloramos, atizando
el ruedo y los cogollos de tu hoguera.

La hoguera es alta como el trance, y arde
sin humo y sin ceniza, toda en fucsias y en dalias,
mientras suena el infierno de los tanques,
la frontera de su metal, castañetea
y caen los aviones en sesgo de vergüenza...

Campeón finlandés, saltas ahora
más hermoso que en todos tus Stadiums.
Subes y vas oreando tu sangre
con el rollo del viento que te enjuga.
¡Partes el cielo, ríes y lloras
al abrazar a Judas Macabeo!

NACIMIENTO DE UNA CASA

para Concha Romero James

Una casa va naciendo
en duna californiana
y va saltando del médano
en gaviota atolondrada.
El nacimiento lo agitan
carreras y bufonadas,

chorros silbados de arena,
risas que suelta la grava,
y ya van las vigas-madres
subiendo apelicanadas.

Puerta y puertas van llegando
reñidas con las ventanas,
unas a guardarlo todo,
otras a darlo, fiadas.
Los umbrales y dinteles
se casan en cuerpos y almas,
y unas piernas de pilares
bajan a paso de danza…

Yo no sé si es que la hacen
o de sí misma se alza;
más sé que su alumbramiento
la costa trae agitada
y van llegando mensajes
en flechas enarboladas…

El amor acudiría
si ya se funde la helada,
y por dar fe, luz y aire,
hasta tocarla se abajan,
aunque se vea tan solo
a medio alzar las espaldas…

Llegando están los trabajos
menudos, pardos en banda,
cargando en gibados gnomos
teatinos, mimbres y lanas

que ojean buscando manos
todavía no arribadas…

Y baja en un sesgo el Ángel
Custodio de las moradas
volea la mano diestra,
jurándole su alianza
y se la entrega a la costa
en alta virgen dorada.

En torno al bendecidor
hierven cien cosas trocadas;
fiestas, bodas, nacimientos,
risas, bienaventuranzas,
y se echa una Muerte grande,
al umbral, atravesada.

MESA OFENDIDA

A la mesa se han sentado,
sin señal, los forasteros,
válidos de casa huérfana
y patrona de ojos ciegos;
y al que es dueño de esta noche
y esta mesa no le tengo,
no le oigo, no le sirvo,
no le doy su mango ardiendo.

¿A qué pasaron, a qué
el umbral de roto espejo
que del animal nocturno
recogió el hedor y el peso,
cuando belfos y pelambres
los dice sus compañeros?

Mi soledad tengo a diestra
es un escarchado helecho,
y delante un pan ladeado
de dos bandas de silencio,
y mi balbuceo rueda,
como las algas, sin eco.

Nunca me he sentado a mesa
de mayor despojamiento:
la fruta es sin luz, los vasos
llegan a las manos hueros.

Tiene el pan de oro vergüenza
y el mamey un agrio ceño;
en torpe desmaño cumplen
loza, mantel, vino muerto,
y los muros dan la espalda
por no tocar lo protervo.
Y ellos del ama reciben
la respuesta de heno seco
y su mirada perdida
de pura ausencia y destierro.

Por el caído y por mí,
por habernos pecho a pecho,

era esta cita nocturna
en suelo y aire extranjeros,
nuestra y de ninguno más,
largo y sollozado encuentro.

Para que él me lo dijese
todo en río de silencio,
en un rodar y rodar
de cordillera en deshielo,
y todo lo recibiese
yo de su alma y de su cuerpo.

Mirándoles y sin verles,
espero el liberamiento:
oír el último paso,
el tropel de los lobeznos
y ver que a purificar
la mansión llega su dueño.

LA ABANDONADA

a Emma Godoy

Ahora voy a aprenderme
el país de la acedía,
y a desaprender tu amor
que era la sola lengua mía,
como río que olvidase
lecho, corriente y orillas.

¿Por qué trajiste tesoros
si el olvido no acarrearías?
Todo me sobra y yo me sobro
como traje de fiesta para fiesta no habida;
¡tanto, Dios mío, que me sobra
mi vida desde el primer día!

Denme ahora las palabras
que no me dio la nodriza.
Las balbucearé demente
de la sílaba a la sílaba:
palabra "expolio", palabra "nada",
y palabra "postrimería",
¡aunque se tuerzan en mi boca
como las víboras mordidas!

Me he sentado a mitad de la Tierra,
amor mío, a mitad de la vida,
a abrir mis venas y mi pecho,
a mondarme en granada viva,
y a romper la caoba roja
de mis huesos que te querían.

Estoy quemando lo que tuvimos:
los anchos muros, las altas vigas,
descuajando una por una
las doce puertas que abrías
y cegando a golpes de hacha
el aljibe de la alegría.

Voy a esparcir, voleada,
la cosecha ayer cogida,

a vaciar odres de vino
y a soltar aves cautivas;
a romper como mi cuerpo
los miembros de la "masía"
y a medir con brazos altos
la parva de las cenizas.

¡Cómo duele, cómo cuesta,
cómo eran las cosas divinas,
y no quieren morir, y se quejan muriendo,
y abren sus entrañas vívidas!
Los leños entienden y hablan,
el vino empinándose mira,
y la banda de pájaros sube
torpe y rota como neblina.

Venga el viento, arda mi casa
mejor que bosque de resinas;
caigan rojos y sesgados
el molino y la torre madrina.
¡Mi noche, apurada del fuego,
mi pobre noche no llegue al día!

LA FERVOROSA

En todos los lugares he encendido
con mi brazo y mi aliento el viejo fuego;
en toda tierra me vieron velando
el faisán que cayó desde los cielos,

y tengo ciencia de hacer la nidada
de las brasas juntando sus polluelos.

Dulce es callando en tendido rescoldo,
tierno cuando en pajuelas lo comienzo.
Malicias sé para soplar sus chispas
hasta que él sube en alocados miembros.
Costó, sin viento, prenderlo, atizarlo:
era o el humo o el chisporroteo;
pero ya sube en cerrada columna
recta, viva, leal y en gran silencio.

No hay gacela que salte los torrentes
y el carrascal como mi loco ciervo;
en redes, peces de oro no brincaron
con rojez de cardumen tan violento.
He cantado y bailado en torno suyo
con reyes, versolaris y cabreros,
y cuando en sus pavesas él moría
yo le supe arrojar mi propio cuerpo.

Cruzarían los hombres con antorchas
mi aldea, cuando fue mi nacimiento
o mi madre se iría por las cuestas
encendiendo las matas por el cuello.
Espino, algarrobillo y zarza negra,
sobre mi único Valle están ardiendo,
soltando sus torcidas salamandras,
aventando fragancias cerro a cerro.

Mi vieja antorcha, mi jadeada antorcha
va despertando majadas y oteros;

a nadie ciega y va dejando atrás
la noche abierta a rasgones bermejos.
La gracia pido de matarla antes
de que ella mate el Arcángel que llevo.
(Yo no sé si lo llevo o si él me lleva;
pero sé que me llamo su alimento,
y me sé que le sirvo y no le falto
y no lo doy a los titiriteros.)

Corro, echando a la hoguera cuanto es mío.
Porque todo lo di, ya nada llevo,
y caigo yo, pero él no me agoniza
y sé que hasta sin brazos lo sostengo.
O me lo salva alguno de los míos,
hostigando a la noche y su esperpento,
hasta el último hondón, para quemarla
en su cogollo más alto y señero.

Traje la llama desde la otra orilla,
de donde vine y adonde me vuelvo.
Allá nadie la atiza y ella crece
y va volando en albatros bermejo.
He de volver a mi hornaza dejando
caer en su regazo el santo préstamo.

¡Padre, madre y hermana adelantados,
y mi Dios vivo que guarda a mis muertos:
corriendo voy por la canal abierta
de vuestra santa Maratón de fuego!

LA QUE CAMINA

Aquel mismo arenal, ella camina
siempre hasta cuando ya duermen los otros;
y aunque para dormir caiga por tierra
ese mismo arenal sueña y camina.
La misma ruta, la que lleva al Este
es la que toma aunque la llama el Norte,
y aunque la luz del sol le da diez rutas
y se las sabe, camina la Única.
Al pie del mismo espino se detiene
y con el ademán mismo lo toma
y lo sujeta porque es su destino.

La misma arruga de la tierra ardiente
la conduce, la abrasa y la obedece
y cuando cae de soles rendida
la vuelve a alzar para seguir con ella.
Sea que ella la viva o que la muera
en el ciego arenal que todo pierde,
de cuanto tuvo dado por la suerte
esa sola palabra ha recogido
y de ella vive y de la misma muere.

Igual palabra, igual, es la que dice
y es todo lo que tuvo y lo que lleva
y por su sola sílaba de fuego
ella puede vivir hasta que quiera.
Otras palabras aprender no quiso
y la que lleva es su propio sustento
a más sola que va más la repite
pero no se la entienden sus caminos.

¿Cómo, si es tan pequeña la alimenta?
¿Y cómo si es tan breve la sostiene
y cómo si es la misma no la rinde
y a dónde va con ella hasta la muerte?
No le den soledad por que la mude,
ni palabra le den, que no responde.
Ninguna más le dieron, en naciendo,
y como es su gemela no la deja.

¿Por qué la madre no le dio sino esta?
¿Y por qué cuando queda silenciosa
muda no está, que sigue balbuceándola?
Se va quedando sola como un árbol
o como arroyo de nadie sabido
así marchando entre un fin y un comienzo
y como sin edad o como en sueño.
Aquellos que la amaron no la encuentran,
el que la vio la cuenta por fábula
y su lengua olvidó todos los nombres
y solo en su oración dice el del Único.

Yo que la cuento ignoro su camino
y su semblante de soles quemado,
no sé si la sombrean pino o cedro
ni en qué lengua ella mienta a los extraños.

Tanto quiso olvidar que ya ha olvidado.
Tanto quiso mudar que ya no es ella,
tantos bosques y ríos se ha cruzado
que al mar la llevan ya para perderla,
y cuando me la pienso, yo la tengo,
y le voy sin descanso recitando

la letanía de todos los nombres
que me aprendí, como ella vagabunda;
pero el Ángel oscuro nunca, nunca,
quiso que yo la cruce en los senderos.

Y tanto se la ignoran los caminos
que suelo comprender, con largo llanto,
que ya duerme del sueño fabuloso,
mar sin traición y monte sin repecho,
ni dicha ni dolor, nomás olvido.

MUERTE DEL MAR

a Doris Dana

Se murió el Mar una noche,
de una orilla a la otra orilla;
se arrugó, se recogió,
como manto que retiran.

Igual que albatros beodo
y que la alimaña huida,
hasta el último horizonte
con diez oleajes corría.

Y cuando el mundo robado
volvió a ver la luz del día,
él era un cuerno cascado
que al grito no respondía.

Los pescadores bajamos
a la costa envilecida,
arrugada y vuelta como
la vulpeja consumida.

El silencio era tan grande
que los pechos oprimía,
y la costa se sobraba
como la campana herida.

Donde él bramaba, hostigado
del Dios que lo combatía,
y replicaba a su Dios
con saltos de ciervo en ira,

Y donde mozos y mozas
se daban bocas salinas
y en trenza de oro danzaban
solo el ruedo de la vida,

Quedaron las madreperlas
y las caracolas lívidas
y las medusas vaciadas
de su amor y de sí mismas.

Quedaban dunas-fantasmas
más viudas que la ceniza,
mirando fijas la cuenca
de su cuerpo de alegrías.

Y la niebla, manoseando
plumazones consumidas,

y tanteando albatros muerto,
rondaba como la Antígona.

Mirada huérfana echaban
acantilados y rías
al cancelado horizonte
que su amor no devolvía.

Y aunque el mar nunca fue nuestro
como cordera tundida,
las mujeres cada noche
por hijo se lo mecían.

Y aunque al sueño él volease
el pulpo y la pesadilla,
y al umbral de nuestras casas
los ahogados escupía,
De no oírle y de no verle
lentamente moría,
y en nuestras mejillas áridas
sangre y ardor se sumían.

Con tal de verlo saltar
con su alzada de novilla,
jadeando y levantando
medusas y praderías,

Con tal de que nos batiese
con sus pechugas salinas,
y nos subiesen las olas
aspadas de maravillas,

Pagaríamos rescate
como las tribus vencidas
y daríamos las casas,
y los hijos y las hijas.

Nos jadean los alientos
como el ahogado en mina
y el himno y el peán mueren
sobre nuestras bocas mismas.

Pescadores de ojos fijos
le llamamos todavía,
y lloramos abrazados
a las barcas ofendidas.

Y meciéndolas meciéndolas,
tal como él se les mecía,
mascamos algas quemadas
vueltos a la lejanía,
o mordemos nuestras manos
igual que esclavos escitas.

Y cogidos de las manos,
cuando la noche es venida,
aullamos viejos y niños
como unas almas perdidas:

"¡Talassa, viejo Talassa,
verdes espaldas huidas,
si fuimos abandonados
llámanos a donde existas,

Y si estás muerto, que sople
el viento color de Erinna
y nos tome y nos arroje
sobre otra costa bendita,
para contarle los golfos
y morir sobre sus islas".

EL REGRESO

Desnudos volveremos a nuestro Dueño,
manchados como el cordero
de matorrales, gredas, caminos,
y desnudos volveremos al abra
cuya luz nos muestra desnudos:
y la Patria del arribo
nos mira fija y asombrada.

Pero nunca fuimos soltados
del coro de las Potencias
y de las Dominaciones,
y nombre nunca tuvimos
pues los nombres son del Único.

Soñamos madres y hermanos,
rueda de noches y días
y jamás abandonamos
aquel día sin soslayo.
Creímos cantar, rendirnos
y después seguir el canto;

pero tan solo ha existido
este himno sin relajo.

Y nunca fuimos soldados,
ni maestros ni aprendices,
pues vagamente supimos
que jugábamos al tiempo
siendo hijos de lo Eterno.

Y nunca esta Patria dejamos,
y lo demás, sueños han sido,
juegos de niños en patio inmenso:
fiestas, luchas, amores, lutos.

Y la muerte fue mentira
que la boca silabeaba;
muertes en lechos o caminos,
en los mares o en las costas;
pequeñas muertes en que cerrábamos
ojos que nunca se cerraron.

Dormidos hicimos rutas
y a ninguna parte arribábamos,
y al Ángel Guardián rendimos
con partidas y regresos.

Y los Ángeles reían
nuestros dolores y nuestras dichas
y nuestras búsquedas y hallazgos
y nuestros pobres duelos y triunfos.

Caíamos y levantábamos,
cocida la cara de llanto,

y lo reído y lo llorado,
y las rutas y los senderos,
y las partidas y los regresos,
las hacían con nosotros,
el costado en el costado.

Mandaban y obedecíamos
con rostro iracundo o dichoso
y el arribo no llegaba
y unas dichas casquivanas
si asomaban, no descendían.

Y los oficios jadeados
nunca, nunca los aprendíamos:
el cantar, cuando era el canto,
en la garganta roto nacía.

Y solo en el sueño profundo
como en piedra santa dormíamos
y algo soñábamos que entendíamos
para olvidarlo al otro día…
Y recitábamos Padrenuestros
a los Ángeles que sonreían.

De la jornada a la jornada
jugando a huerta, a ronda, o canto,
al oficio sin Maestro,
a la marcha sin camino,
y a los nombres sin las cosas
y a la partida sin el arribo
fuimos niños, fuimos niños,
inconstantes y desvariados.

Y baldíos regresamos,
¡tan rendidos y sin logro!
balbuceando nombres de "patrias"
a las que nunca arribamos.
Y nos llamaban forasteros
¡y nunca hijos, y nunca hijas!

PUERTAS

Entre los gestos del mundo
recibí el que me dan las puertas.
En la luz yo las he visto
o selladas o entreabiertas
y volviendo sus espaldas
del color de la vulpeja.
¿Por qué fue que las hicimos
para ser sus prisioneras?

Del gran fruto de la casa
son la cáscara avarienta.
El fuego amigo que gozan
a la ruta no lo prestan.
Canto que adentro cantamos
lo sofocan sus maderas
y a su dicha no convidan
como la granada abierta:
¡Sibilas llenas de polvo,
nunca mozas, nacidas viejas!

Parecen tristes moluscos
sin marea y sin arenas.

Parecen, en lo ceñudo,
la nube de la tormenta.

A las sayas verticales
de la Muerte se asemejan
y yo las abro y las paso
como la caña que tiembla.
"¡No!" dicen a las mañanas
aunque las bañen, las tiernas.
Dicen "¡No!" al viento marino
que en su frente palmotea
y al olor de pinos nuevos
que se viene por la Sierra.
Y lo mismo que Casandra,
no salvan aunque bien sepan:
porque mi duro destino
él también pasó mi puerta.

Cuando golpeo me turban
igual que la vez primera.
El seco dintel da luces
como la espada despierta
y los batientes se avivan
en escapadas gacelas.
Entro como quien levanta
paño de cara encubierta,
sin saber lo que me tiene
mi casa de angosta almendra
y pregunto si me aguarda
mi salvación o mi pérdida.

Ya quiero irme y dejar
el sobrehaz de la Tierra,

el horizonte que acaba
como un ciervo, de tristeza,
y las puertas de los hombres
selladas como cisternas.
Por no voltear en la mano
sus llaves de anguilas muertas
y no oírles más el crótalo
que me sigue la carrera.

Voy a cruzar sin gemido
la última vez por ellas
y alejarme tan gloriosa
como la esclava liberta,
siguiendo el cardumen vivo
de mis muertos que me llevan.
No estarán allá rayados
por cubo y cubo de puertas
ni ofendidos por sus muros
como el herido en sus vendas.

Vendrán a mí sin embozo,
oreados de luz eterna.
Cantaremos a mitad
de los cielos y la tierra.
Con el canto apasionado
heriremos puerta y puerta
y saldrán de ellas los hombres
como niños que despiertan
al oír que se descuajan
y que van cayendo muertas.

PATRIAS

a Emma y a Daniel Cosío Villegas

Hay dos puntos en la Tierra
son Montegrande y el Mayab[1].
Como sus brocales arden
se les tiene que encontrar.

Hay dos estrellas caídas
y espinales y arenal;
nos las contaron por muertas
en cada piedra de umbral.
El canto que les ardía
nunca dejó de llamar,
y a más andamos, más crecen
como el padre Aldebarán.

Hay dos puntos cardinales:
Son Montegrande y el Mayab.
Aunque los ciegue la noche
¿quién los puede aniquilar?
y los dos alciones vuelan
vuelo de flecha real.

Hay dos espaldas en duelo
que un calor secreto dan,
grandes cervices nocturnas
tercas de fidelidad.

[1] Montegrande, aldea del valle de Elqui (Chile). Id.
 Mayab, nombre indígena de la península de Yucatán (México).

Las dos volvieron el rostro
para no mirar a Cam,
pero en oyendo sus nombres
las dos vuelven por salvar.

No son mirajes de arenas;
son madres en soledad.
Dieron el flanco y la leche
y se oyeron renegar.
Pero por si regresásemos
nos dejaron en señal,
los pies blancos de la ceiba
y el rescoldo del faisán.

Vamos, al fin, caminando
¡Montegrande y el Mayab!
Cuesta repechar el valle
oyendo burlas del mar.
Pero a más andamos, menos,
se vuelve la vista atrás.
La memoria es un despeño
y es un grito el recobrar.

Piedras del viejo regazo,
jades que ya van a hablar,
leños al soltar la llama
en mi aldea y el Mayab:
solo estamos a dos marchas
y alientos de donde estáis.
Ya podéis secar el llanto
y salirnos a encontrar,
quemar las cañas del Tiempo
y seguir la Eternidad.

ÚLTIMO ÁRBOL

Esta solitaria greca
que me dieron en naciendo:
lo que va de mi costado
a mi costado de fuego;

Lo que corre de mi frente
a mis pies calenturientos;
esta Isla de mi sangre,
esta parvedad de reino,

Yo lo devuelvo cumplido
y en brazada se lo entrego
al último de mis árboles,
a tamarindo o a cedro.

Por si en la segunda vida
no me dan lo que ya dieron
y me hace falta este cuajo
de frescor y de silencio,

Y yo paso por el mundo
en sueño, carrera o vuelo,
en vez de umbrales de casas,
quiero árbol de paradero!

Le dejaré lo que tuve
de ceniza y firmamento,
mi flanco lleno de hablas
y mi flanco de silencio;

Soledades que me di,
soledades que me dieron,
y el diezmo que pagué al rayo
de mi Dios dulce y tremendo;

Mi juego de toma y daca
con las nubes y los vientos,
y lo que supe, temblando,
de manantiales secretos.

¡Ay, arrimo tembloroso
de mi Arcángel verdadero,
adelantado en las rutas
con el ramo y el ungüento!

Tal vez ya nació y me falta
gracia de reconocerlo,
o sea el árbol sin nombre
que cargué como a hijo ciego.

A veces cae a mis hombros
una humedad o un oreo
y veo en contorno mío
el cíngulo de su ruedo.

Pero tal vez, su follaje
ya va arropando mi sueño
y estoy, de muerta, cantando
debajo de él, sin saberlo.

De
POEMA DE CHILE

VIENTO NORTE

El viento Norte viene
levantándose, ladino,
y aunque es más viejo que Abraham,
así comienza de fino,
y si no se apura el paso,
ya nos coge el torbellino
y somos, dentro del Loco,
un frenético, un zarcillo,
un volantín con que juega
hasta que cae vencido
y se devuelve a sus antros,
también él roto y vencido.

—Mama, pero te has trepado
a donde el viento es indino.

—Porque yo me envicié en él
como quien se envicia en vino,
trepando por los faldeos,
siguiéndolo por el grito.
Yo no era más, era solo
su antojo y su manojillo
y a mí me gustaba ser
su jugarreta sin tino
y en donde estoy, todavía
le llamo, a voces, "mi niño"...

¿Sabes a qué baja el Loco?
Baja a cumplir su destino.
—Él no sabe nada, mama,

y hace, no más, desatinos.
Zamarrea nuestra casa
como si fuese un bandido.
Ninguno entonces dormía
y era como el Anti-Cristo.

—Te tiras al suelo como
si pasase el Diablo mismo,
¡ay, mi zonzo novelero!
Tapa tus orejas hasta
que cruce mi Loco suelto,
pero déjalo que a mí
me cante en Loco divino.
Porque, sábelo, nosotros,
poetas de él aprendimos
el grito rasgado, el llanto.

VALLE DE ELQUI

Tengo de llegar al Valle
que su flor guarda el almendro
y cría los higuerales
que azulan higos extremos,
para ambular a la tarde
con mis vivos y mis muertos.
Pende sobre el Valle, que arde,
una laguna de ensueño
que lo bautiza y refresca
de un eterno refrigerio

cuando el río de Elqui merma
blanqueando el ijar sediento.

Van a mirarme los cerros
como padrinos tremendos,
volviéndose en animales
con ijares soñolientos,
dando el vagido profundo
que les oigo hasta durmiendo,
porque doce me ahuecaron
cuna de piedra y de leño.

Quiero que, sentados todos
sobre la alfalfa o el trébol,
según el clan y el anillo
de los que se aman sin tiempo
y mudos se hablan sin más
que la sangre y los alientos.

Estemos así y duremos,
trocando mirada y gesto
en un repasar dichoso
el cordón de los recuerdos,
con edad y sin edad,
con nombre y sin nombre expreso,
casta de la cordillera,
apretado nudo ardiendo,
unas veces cantadora,
otras, quedada en silencio.

Pasan, del primero al último,
las alegrías, los duelos,

el mosto de los muchachos,
la lenta miel de los viejos;
pasan, en fuego, el fervor,
la congoja y el jadeo,
y más, y más: pasa el Valle
a curvas de viboreo,
de Peralillo a La Unión,
vario y uno y entero.

Hay una paz y un hervor,
hay calenturas y oreos
en este disco de carne
que aprietan los treinta cerros.
Y los ojos van y vienen
como quien hace el recuento,
y los que faltaban ya
acuden, con o sin cuerpo,
con repechos y jadeados,
con derrotas y denuedos.

A cada vez que los hallo,
más rendidos los encuentro.
Solo les traigo la lengua
y los gestos que me dieron
y, abierto el pecho, les doy
la esperanza que no tengo.

Mi infancia aquí mana leche
de cada rama que quiebro
y de mi cara se acuerdan
salvia con el romero
y vuelven sus ojos dulces

como con entendimiento
y yo me duermo embriagada
en sus nudos y entreveros.

Quiero que me den no más
el guillave de sus cerros
y sobar, en mano y mano,
melón de olor, niño tierno,
trocando cuentos y veras
con sus pobres alimentos.

Y, si de pronto mi infancia
vuelve, salta y me da al pecho,
toda me doblo y me fundo
y como gavilla suelta,
me recobro y me sujeto,
porque ¿cómo la revivo
con cabellos cenicientos?

Ahora ya me voy, hurtando
el rostro, por que no sepan
y me echen los cerros ojos
grises de resentimiento.

Me voy, montaña adelante,
por donde van mis arrieros,
aunque espinos y algarrobos
me atajan con llamamientos,
aguzando las espinas
o atravesándome el leño.

MONTE ACONCAGUA

Yo he visto, yo he visto
mi monte Aconcagua.
Me dura para siempre
su loca llamarada
y desde que le vimos
la muerte no nos mata.
Manda la noche grande,
suelta las mañanas,
se esconde en las nubes,
bórrase, acaba…
y sigue pastoreando
detrás de la nubada.

Parado está en el sueño
de su cuerpo y de su alma,
ni sube ni desciende,
de lo absorto no avanza;
su adoración perenne
no se rinde y relaja,
pero nos pastorea
con lomos y llamarada
aunque le corran cuatro
metales las entrañas.
La sombra grave y dulce
rueda como medalla;
ella cae a las puertas,
las mesas y las caras,
los ojos hace amianto,
los dorsos vuelve plata,
conforta, llama, urge,
nos aúpa y abrasa.

Elías, carro ardiendo
¡Monte Aconcagua!

Cebrea los pastales,
tornea las manzanas,
enmiela los racimos,
enjoroba las parvas,
hace en turno de Jove,
tempestad y bonanzas
cuenta y recuenta hijos
y de contar no acaba.

Le aguardan espinales
a la primer jornada;
después, salvias y boldos
con reveses de plata,
y a más y a más que sube
el pecho se le aclara:
arrebatado Elías,
¡Elohim Aconcagua!

A veces las aldeas
son de su ardor mesadas
y caen desgranándose
en uvas rebanadas.
Mas nunca renegamos
su pecho que nos salva,
parece sueño nuestro,
parece fábula
el que tras de las nubes
su rostro guarda.
¡Elohim abrasado,
viejo Aconcagua!

Yo veo, yo veo,
mi Padre Aconcagua
de nuestro claro arcángel
desciende toda gracia.
Ya se oyen sus cascadas,
por las espumas blancas
la madre mía baja
y después se va yendo
por faldas y quebradas.
¡Demiurgo que nos haces,
viejo Aconcagua!

Di su nombre, dilo a voces
para que te ensanche el pecho
y te labre la garganta
y se te baje a los sueños.
Aconcagua "padre de aguas",
Aconcagua, duro gesto,
besado del Dios eterno
y del arrebol postrero.
Algo ha en tus manos, algo
que invoca por tus dos pueblos.
"Paz para los hombres, paz",
bendición para el pequeño
que está naciendo, dulzura
para el que muere…

CHILLÁN

La ciudad de amansaderas,
curtidores y alfareros,
tiene tendones heridos
y un no sé qué de lo huérfano,
y a medio alzarse nos cuenta
de su tercer nacimiento.

El Volcán baja a buscarla
como quien busca su oreo.
Pero ella, que es mujer,
le hurta el abrazo tremendo,
y de todo tiempo dura
su amor sin aplacamiento.

Él juega en todas las rondas,
vuelto niño de su tiempo.
Da a Eduardo su romance
y a Manuel sopla sus cuentos
y a Pablo le hace cantar
su más feliz canto nuevo.

Él baja por no olvidar
la Cordillera,
la madraza araucaria,
la feria del chillanejo.

Y cuando baja, lo sigue
por la vertical del vuelo
Doña Isabel, y se adentra
por este y el otro pueblo

donde un corro de mujeres
baila bailes de su tiempo;
y entre una y otra danza,
nos averigua si habemos
más pan, más leche y contento,
y Él mira y oye a sus tres
que cunden cosas y puertos.

Doña Isabel se retarda,
Bernardo vuelve contento
y después, después, los dos
vuelven tejiendo el comento.

Es la presencia callada
y viva, es el largo aliento
de uno que vive en
mundo como un sacramento
que en la caída nos alza
y en la lentitud da el vuelo.
Él frecuenta a los ancianos
y llega a los nacimientos,
y acude a las bodas
y amortaja a nuestros muertos.

Por la feria de Chillán
donde rebrillan en cercos
maíces, volaterías,
riendas, estribos, aperos,
cruzaremos sin pararnos
y azuzados del deseo,
porque la que va en fantasma
voz no lleva ni dineros.

Arden eras chillanejas.
Todo Chillán es fermento.
Toda su tierra parece
ofrenda, fervor, sustento,
y salta una llamarada
que nos da a mitad del pecho.
Ternuras balbuceamos
al Padre, oídos abiertos,
y Él mira y oye a sus tres
carrizos calenturientos.

Dejen que lo mire largo
en el último reencuentro,
que lo beba fijamente
hasta que imposible sea verlo
y que sus memorias vayan
bajando como en deshielo.

Por esta tierra que mira
con pestañas abrasadas
y unos barbechos de oro
y un trascender de retamas.

Encumbraría el Bernardo
cometas pintarrajeados,
mestizo de ojos de lino,
hombros altos, cejas bravas.

Voces de doña Isabel
venían en la venteada.
Pero tirado en maíces
el mozo oía otras hablas,

la oreja puesta en la tierra
y la vista desvariada.
A otro grito el cimarrón
apenas se enderezaba,
y volvía a dar la oreja
a la greda y a las pajas
y a lo que ellas le decían.

Doña Isabel lo quería
suyo y lo mismo la Parda,
y el Bernardo entre las dos
como un junquillo temblaba.
La Parda se lo luchaba
y de vuelta, trascordado,
las dos sílabas mascaba
y sería de esas brega
la luz que lo iluminaba.

BIOBÍO

—Paremos que hay novedad.
¡Mira, mira el Biobío!

—¡Ah! mama, párate, loca,
para, que nunca lo he visto.
¿Y para dónde es que va?
No para y habla bajito,
y no me asusta como el mar
y tiene nombre bonito.

—¡No te acerques tanto, no!
Échate aquí, loco mío,
y óyelo no más.
Podemos quedar con él
una semana si quieres,
si no me asustas así.

—¿Cómo dices que se llama?
Repite el nombre bonito.

—Biobío, Biobío,
qué dulce que lo llamaron
por quererle nuestros indios.

—Mama, ¿por qué no me dejas
aquí, por si habla conmigo?
Él casi habla. Si tú paras
y si me dejas contigo,
yo sabré lo que nos dice,
por si se me vuelve amigo.
¡Qué de malo va a pasarme,
Mama! Corre tan tranquilo.

—No, no, chiquito, él ahoga,
a veces gente y ganados.
Óyelo, sí, todo el día,
loquito mío, antojero.

Yo no quiero que me atajen
sin que vea el río lento
que cuchichea dos sílabas
como quien fía secreto.

Dice Biobío, y dícelo
en dos estremecimientos.
Me he de tender a beberlo
hasta que corra en mis tuétanos.

Poco lo tuve de viva;
ahora lo recupero
la eterna canción de cuna
abajada a balbuceo.
Agua mayor de nosotros,
red en que nos envolvemos,
nos bautizas como Juan,
y nos llevas sobre el pecho.

Lava y lava piedrecillas
cabra herida, puma enfermo.
Así Dios "dice" y responde,
a puro estremecimiento,
con suspiro susurrado
que no le levanta el pecho.
Y así los tres le miramos,
quedados como sin tiempo,
hijos amantes que beben
el tu pasar sempiterno.
Y así te oímos los tres,
tirados en pastos crespos
y en arenillas que sumen
pies de niño y pies de ciervo.

No sabemos irnos, ¡no!
cogidos de tu silencio
de Ángel Rafael que pasa

y resta y dura asistiendo,
grave y dulce, dulce y grave,
porque es que bebe un sediento...

Dale de beber tu sorbo
al indio y le vas diciendo
el secreto de durar
así, quedándose y yéndose,
y en tu siseo prométele
desagravio, amor y huertos.

Ya el Tolomí te vadea,
a braceadas de foquero;
los ojos del niño buscan
el puente que mata el miedo,
y yo pasaré sin pies
y sin barcaza de remos,
porque más me vale, ¡sí!
el alma que valió el cuerpo.

Biobío, espaldas anchas,
con hablas de Abel pequeño:
corres tierno, gris y blando
por tierra que es duro reino.
Tal vez estás, según Cristo,
en la tierra y en los cielos,
y volvemos a encontrarte
para beberte de nuevo...

—Dime tú que has visto cosas
¿hay otro más grande y lindo?

—No lo hay en tierra chilena,
pero hay unos que no he dicho,

hay más lejos unos lagos
que acompañan sin decirlo
y hacia ellos vamos llegando
y ya pronto llegaremos.

HELECHOS

Donde la humedad se guarda
asistidora y mansueta
y el resuello del calor
no alcanza a la Madre Gea,
suben, suben silenciosos
como unas palabras lentas,
en silencio suben, suben
estos duendes manos quietas.

Y cuando tienen la alzada
de la garza o el flamenco,
ya descansan y se quedan
latiendo de su misterio.
¡No pasar por ellos, digo,
dejarlos, que están durmiendo!
Porque solo yo, fantasma,
ni los doblo ni los hiero.

Óiganlos dormir, dormir
sin moverles un cabello.
Ellos no viven ni mueren,
solo escuchan el silencio,
y con el silencio hacen

cosa que no conocemos:
sueño de niños o danzas
de unos enanos traviesos.
Queden así entredormidos
custodiando su secreto
y tal vez mi propio sueño.

Duerman los helechos altos
callados como un secreto,
sigan latiendo dormidos
así, callando y latiendo.

¡Qué dulce su frente fría
y su aspiración de cielo!
En el aire van y van
y restan, restan, quedados,
y se parecen al monje
que entrega en su rezo el alma.
Duerman los helechos altos
que yo guardaré su sueño.

NIEBLA

La niebla ha ido adensándose
en forro azul-ceniciento
y cegando el mar nos hurta
la nidada de archipiélagos:
hembra tramposa y ladina
que marcha con pasos lerdos.

Difumina a Chiloé,
llega hasta Tierra del Fuego
y trueca en malabaristas
lomos de niño y de ciervo,
y mi bulto escamotea
solo porque lloren ellos.

Ya las trampas le conozco
de redondear el cerco
y hacer "la gallina ciega"
con el pastor o el arriero.
Ella ahora está jugándonos
el su sempiterno juego
y urde ballenas y pulpos
de un vago mar hechicero.
Nos da por bien ahogados,
perdidos y prisioneros,
aunque estamos bajo de ella,
como Dios nos hizo: enteros.

Les cuchicheo a mis críos
que no es bulto, que es resuello,
que no es brazo de ahogarnos,
que es, no más, bostezo muerto,
que no peleamos con héroe
sino con blanco esperpento.
Y el huevo azul entreabrimos
a lancetadas de acentos
y se lo desbaratamos
con los dos calientes cuerpos.

En el acuario de niebla,
acribillado de engendros,

el remador de tres mares
se ha puesto a contar sucesos;
dice los lentos canales,
romances los estrechos
como quien devana mundos
con las manos y los gestos.

Ahora el viejo está contando
el largo relato añejo,
de las costas masticadas
por el mar de duros belfos
y está diciendo a la Antártida
que habemos y que no habemos…

La Antártida de su boca
sube como alción en vuelo,
el blanco animal divino,
engolado y soñoliento.
Así con ella dormimos
fraternales y mansuetos,
la bestezuela del símbolo
y el indio calenturiento.

No acabamos en donde
se acaba igual que en los cuentos,
la Madraza que es la tierra
y acaba en santo silencio;
pero los tres alcanzamos
el apretado secreto,
el blancor no conocido,
el intocado Misterio.

ELECTRA EN LA NIEBLA[1]

En la niebla marina voy perdida,
yo, Electra, tanteando mis vestidos
y el rostro que en horas fui mudada.
Ahora solo soy la que ha matado.
Será tal vez a causa de la niebla
que así me nombro por reconocerme.

Quise ver muerto al que mató y lo he visto
y no fue él lo que vi, que fue la Muerte.

Ya no me importa lo que me importaba.
Ya ella no respira el mar Egeo.
Ya está más muda que piedra rodada.
Ya no hace el bien ni el mal. Está sin obras.
Ni me nombra ni me ama ni me odia.
Era mi madre, y yo era su leche,
nada más que su leche vuelta sangre,
solo su leche y su perfil, marchando o dormida.

Camino libre sin oír su grito
que me devuelve y sin oír sus voces,
pero ella no camina, está tendida.
Y la vuelan en vano sus palabras,
sus ademanes, su nombre y su risa,
mientras que yo y Orestes caminamos
tierra de Hélade Ática, suya y de nosotros.

[1] Inédito. Su primera publicación es en la revista *Mundo Nuevo.*

Y cuando Orestes sestee a mi costado,
la mejilla sumida, el ojo oscuro,
veré que, como en mí, corren su cuerpo
las manos de ellas que lo enmallotaron
y que la nombra con sus cuatro sílabas
que no se rompen y no se deshacen.
Porque se lo dijimos en el alba
y en el anochecer y el duro nombre
vive sin ella por más que está muerta.
Y a cada vez que los dos miremos
caerá su nombre como cae el fruto
resbalando en guiones de silencio.

Solo a Ifigenia y al amante amaba
por angostura de su pecho frío.
A mí y a Orestes nos dejó sin besos,
sin tener nuestros dedos con los suyos.
Orestes, no te sé rumbo y camino.
Si esta noche estuvieras a mi lado
oiría yo tu alma, tú la mía.

Esta niebla salada borra todo
lo que habla y endulza al pasajero:
rutas, puentes, pueblos, árboles.
No hay semblante que mire y reconozca,
no más la niebla de mano insistente
que el rostro nos recorre y los costados.

A dónde vamos yendo los huidos
si el largo nombre recorre la boca
o cae y se retarda sobre el pecho
como el hálito de ella, y sus facciones
que vuelan disueltas acaso buscándome.

El habla niña nos vuelve y resbala
por nuestros cuerpos, Orestes, mi hermano,
y los juegos pueriles, y tu acento.

Husmea mi camino y ven Orestes.
Está la noche acribillada de ella,
abierta de ella, y viviente de ella.
Parece que no tiene otra palabra
ni otro viajero, ni otro santo y seña.
Pero en llegando el día ha de dejarnos.
¿Por qué no duerme al lado del Egisto?
¿Será que pende siempre de su seno
la leche que nos dio, será eso eterno
y será que esta sal que trae el viento
no es del aire marino, es de su leche?

Apresúrate, Orestes, ya que seremos
dos siempre, dos, como manos cogidas
o los pies corredores de la tórtola huida.
No dejes que yo marche en esta noche
rumbo al desierto y tanteando en la niebla.

Ya no quiero saber, pero quisiera
saberlo todo de tu boca misma
cómo cayó, qué dijo dando el grito
y si te dio maldición o te bendijo.
Espérame en el cruce del camino
en donde hay piedras lajas y unas matas
de menta y de romero que confortan.

Porque ella —tú la oyes— ella llama,
y siempre va a llamar, y es preferible

morir los dos sin que nadie nos vea
de puñal, Orestes, y morir de propia muerte.
El dios que te movió nos dé esta gracia,
y las tres gracias que a mí me movieron.

Están como medidos los alientos.
Donde los dos se rompan pararemos.
La niebla tiene pliegues de sudario
dulce en el palpo, en la boca salobre
y volverás a ir al canto mío.
Siempre viviste lo que yo vivía,
por otro atajo irás y al lado mío.
Tal vez la niebla es tu aliento y mis pasos
los tuyos son por desnudos y heridos.
Pero por qué tan callado caminas
y vas a mi costado y sin palabras,
el paso enfermo y el perfil humoso,
si por ser uno lo mismo quisimos
y cumplimos lo mismo y nos llamamos
Electra-Orestes, yo, tú, Orestes-Electra.
O yo soy niebla que corre sin verse
o tú niebla que corre sin saberse.
Pare yo por que puedas detenerte
o yo me tumbe, para detener con mi cuerpo tu carrera;
tal vez todo fue sueño de nosotros
adentro de la niebla amoratada,
befa de la niebla que vuela sin sentido.
Pero marchar me rinde y necesito
romper la niebla o que me rompa ella.
Si alma los dos tuvimos, que nuestra alma
siga marchando y que nos abandone.
Ella es quien va pasando y no la niebla.

Era una sola en un solo palacio
y ahora es niebla-albatros, niebla-barco.
Y aunque mató y fue muerta, ella camina
más ágil y ligera que en su cuerpo
y así es que nos rendimos sin rendirla.
Orestes, hermano, te has dormido
caminando o de nada te acuerdas
que no respondes.
O yo nunca nací, solo
he soñado padre, madre y un héroe,
una casa, la fuente Dircea y Ágora.
No es cuerpo el que llegó,
ni potencias.

www.ingramcontent.com/pod-product-compliance
Lightning Source LLC
LaVergne TN
LVHW040520200726

843493LV00017B/2965